中华精神家园

东部风情

燕赵悲歌

燕赵文化特色与形态

肖东发 主编　袁凤东 编著

中国出版集团

现代出版社

图书在版编目（CIP）数据

燕赵悲歌：燕赵文化特色与形态 / 袁凤东编著. —
北京：现代出版社，2014.5（2019.1重印）
　　ISBN 978-7-5143-2378-8

　　Ⅰ．①燕… Ⅱ．①袁… Ⅲ．①地方文化－研究－河北
省 Ⅳ．①G127.22

　　中国版本图书馆CIP数据核字(2014)第086313号

燕赵悲歌：燕赵文化特色与形态

主　　编：肖东发
作　　者：袁凤东
责任编辑：王敬一
出版发行：现代出版社
通信地址：北京市定安门外安华里504号
邮政编码：100011
电　　话：010-64267325　64245264（传真）
网　　址：www.1980xd.com
电子邮箱：xiandai@cnpitc.com.cn
印　　刷：三河市华晨印务有限公司
开　　本：710mm×1000mm　1/16
印　　张：10
版　　次：2015年4月第1版　　2021年3月第4次印刷
书　　号：ISBN 978-7-5143-2378-8
定　　价：29.80元

　　党的十八大报告指出："文化是民族的血脉，是人民的精神家园。全面建成小康社会，实现中华民族伟大复兴，必须推动社会主义文化大发展大繁荣，兴起社会主义文化建设新高潮，提高国家文化软实力，发挥文化引领风尚、教育人民、服务社会、推动发展的作用。"

　　我国经过改革开放的历程，推进了民族振兴、国家富强、人民幸福的中国梦，推进了伟大复兴的历史进程。文化是立国之根，实现中国梦也是我国文化实现伟大复兴的过程，并最终体现为文化的发展繁荣。习近平指出，博大精深的中国优秀传统文化是我们在世界文化激荡中站稳脚跟的根基。中华文化源远流长，积淀着中华民族最深层的精神追求，代表着中华民族独特的精神标识，为中华民族生生不息、发展壮大提供了丰厚滋养。我们要认识中华文化的独特创造、价值理念、鲜明特色，增强文化自信和价值自信。

　　如今，我们正处在改革开放攻坚和经济发展的转型时期，面对世界各国形形色色的文化现象，面对各种眼花缭乱的现代传媒，我们要坚持文化自信，古为今用、洋为中用、推陈出新，有鉴别地加以对待，有扬弃地予以继承，传承和升华中华优秀传统文化，发展中国特色社会主义文化，增强国家文化软实力。

　　浩浩历史长河，熊熊文明薪火，中华文化源远流长，滚滚黄河、滔滔长江，是最直接的源头，这两大文化浪涛经过千百年冲刷洗礼和不断交流、融合以及沉淀，最终形成了求同存异、兼收并蓄的辉煌灿烂的中华文明，也是世界上唯一绵延不绝而从没中断的古老文化，并始终充满了生机与活力。

　　中华文化曾是东方文化摇篮，也是推动世界文明不断前行的动力之一。早在500年前，中华文化的四大发明催生了欧洲文艺复兴运动和地理大发现。中国四大发明先后传到西方，对于促进西方工业社会的形成和发展，曾起到了重要作用。

中华文化的力量，已经深深熔铸到我们的生命力、创造力和凝聚力中，是我们民族的基因。中华民族的精神，也已深深植根于绵延数千年的优秀文化传统之中，是我们的精神家园。

总之，中华文化博大精深，是中国各族人民五千年来创造、传承下来的物质文明和精神文明的总和，其内容包罗万象，浩若星汉，具有很强的文化纵深，蕴含丰富宝藏。我们要实现中华文化伟大复兴，首先要站在传统文化前沿，薪火相传，一脉相承，弘扬和发展五千年来优秀的、光明的、先进的、科学的、文明的和自豪的文化现象，融合古今中外一切文化精华，构建具有中国特色的现代民族文化，向世界和未来展示中华民族的文化力量、文化价值、文化形态与文化风采。

为此，在有关专家指导下，我们收集整理了大量古今资料和最新研究成果，特别编撰了本套大型书系。主要包括独具特色的语言文字、浩如烟海的文化典籍、名扬世界的科技工艺、异彩纷呈的文学艺术、充满智慧的中国哲学、完备而深刻的伦理道德、古风古韵的建筑遗存、深具内涵的自然名胜、悠久传承的历史文明，还有各具特色又相互交融的地域文化和民族文化等，充分显示了中华民族的厚重文化底蕴和强大民族凝聚力，具有极强的系统性、广博性和规模性。

本套书系的特点是全景展现，纵横捭阖，内容采取讲故事的方式进行叙述，语言通俗，明白晓畅，图文并茂，形象直观，古风古韵，格调高雅，具有很强的可读性、欣赏性、知识性和延伸性，能够让广大读者全面接触和感受中国文化的丰富内涵，增强中华儿女民族自尊心和文化自豪感，并能很好继承和弘扬中国文化，创造未来中国特色的先进民族文化。

2014年4月18日

慷慨悲歌——燕赵风骨

文明开化——古老历史

守护之魂——燕赵拾英

文化之光——京畿神韵

古老历史

燕赵文化是指在古燕赵区域内产生的一种地方文化，其区域以古黄河为南界，阴山南麓为北界，太行山为西界，东临大海。燕赵地域从旧石器时代到新石器时代的各个时期都发现了很多遗址。

原始社会末期，黄帝、炎帝、蚩尤三大原始部落，在燕赵区域汇合。经过阪泉之战和涿鹿之战后互相融合，成为活动在燕赵区域内最初的华夏族。

燕赵地区深厚的文化底蕴，有力地说明了燕赵区域是我国人类文明的发源地和丰富历史的沉积地。

阳原泥河湾孕育人类

在我国华北、渤海之滨，有着广阔的区域，西为太行山地，北为燕山山地，燕山以北为张北高原，其余为河北平原。

在这辽阔广袤的土地上，有个阳原泥河湾遗址，又称"泥河湾遗址群"，位于河北省张家口阳原境内东部地区的桑干河流域，内有多

泥河湾猿人生活场景

处旧石器时代遗址。我国发现的百万年前早期人类文化遗存中，泥河湾遗址占了大多数。

阳原盆地地处冀西北，为东北向狭长的构造断陷盆地。北为熊耳山，主峰黄花梁，海拔2036米，南系恒山余脉，中部为广阔的湖积平原。

桑干河自西南而东北流经整个盆地，至盆地东缘，穿越石匣口，经宣化、涿鹿，注入怀来官厅水库。其支流壶流河经蔚县后，在盆地东部小渡口村附近汇入桑干河。

■ 泥河湾猿人打磨石器模型

在盆地东部边缘区，有元古代变质火山碎屑岩系，中生代侏罗系紫红色角砾岩和新生代上新统"三趾马红土"堆积。其他部位多为第四系泥河湾河湖相堆积物，泥河湾层常被晚更新世形成的黄土或全新世以来形成的松散沙砾层覆盖。

在盆地边缘山前地带，存在着宽阔的洪积扇。盆地西部略平坦，东部地势差异较大，剥蚀严重，乃至裸露出基岩。

泥河湾位于阳原盆地的桑干河上游，为一湖相堆积，由细沙和泥灰质土等组成。泥河湾第四系地层发育良好，以盛产哺乳动物化石闻名于世，重要的哺乳动物化石有三门马、梅氏犀、剑齿虎、中国鬣狗和低䶄鼠等。

太行 就是我国的太行山，又名五行山、王母山、女娲山，是我国东部地区的重要山脉和地理分界线。它北起北京西山，南达豫北黄河北岸，西接山西高原，东临华北平原，绵延400余千米，为山西东部、东南部与河北、河南两省的天然界山。

■ 泥河湾古人生活画面

小长梁位于阳原桑干河左岸大田洼官亭北500米，东谷坨位于小长梁东，在下泥河湾组顶部的中粒砂层和黏土中有文化遗物。

小长梁的石制品采用流纹质火山碎屑岩的燧石和石髓等做原料，器类有大小石核、使用有石片、砍砸器、单刃复刃刮削器、尖状器、锥具、雕刻器等。其特点是器类较复杂，形体较小，打片采用锤击和砸击两种方法。

这里的哺乳动物化石有古菱齿象、三门马、三趾马、披毛犀、羚羊、野牛、鬣狗、狼、中华鼢鼠、熊等。

经过考古研究断定，石器出自属于早更新世的泥河湾层中，伴生的动物化石群属泥河湾动物群成员，文化层经古地磁测定距今有100万年左右，大致相当于早更新世末期。

泥河湾盆地的小长梁遗址出土的石器，是约160万年前人类使用的工具，属后来所知世界上最早的旧石器文化。从加工精细的石器来看，当时人们已具有相应的语言了，否则，在石器制造过程中，传授技术、模仿打制、改进提高，没有语言交流是不行的。

小长梁出土近2000件石器，其类型之多，年代之早，还有先进的打制技术在世界上都是没有记载的。

东谷坨在小长梁以东，与小长梁属于同一文化类型。由于小长梁和东谷坨地点相近，特征相似，同处于泥河湾层的早期，考古学界统称为"小长梁和东谷坨文化"。

虎头梁位于阳原盆地中部，属于旧石器时代晚期的一处代表性遗址。文化层位于Ⅱ级阶地砂质黄土层下部的沉积物中，石器原料以燧石和石英岩为主，有砍砸器、圆头刮削器、尖状器、雕刻器、石锤、石钻、石核以及装饰品。

虎头梁楔形石核，一种台面呈三角形，另一种台面向石核隆起一面倾斜，这种打片方法是细石器制作技术的原始方法。楔形石核和尖状器是虎头梁文化具有代表性的遗物。

同时，虎头梁还出现了穿孔贝壳、钻孔石珠等装

燧石 非常坚硬，破碎后产生锋利的断口，最早为石器时代的原始人所青睐，绝大部分石器都是用燧石打击制造的。燧石和铁器击打会产生火花，所以为古代人用作取火的工具。在我国古代，常用一小块燧石和一把钢制的火镰击打取火，所以燧石也叫作"火石"。

■人类进化历程模型

饰品。此外，还有3处篝火遗迹，附近有烧过的兽骨、鸵鸟蛋皮和大块砾石、石器等。据考古研究，这里就是一处当时猎人的宿营地和石器制作场。

虎头梁有丰富的古脊椎动物化石群。从虎头梁的石器、动物化石群，可以看出虎头梁的原始经济形态是以狩猎为主、采集为辅，说明当时还没有出现农业。虎头梁地质时代为更新世晚期之末，文化时代为旧石器时代晚期的较晚阶段。

在世界上，阳原泥河湾是剖面最多、保存最完好、国际公认的第四纪标准地层。泥河湾遗址群没有年代断层，有200万年的马圈沟遗址、136万年小长梁遗址、136万年的葡萄园、广梁遗址、100万年的有山祖庙咀、麻地沟、东谷坨、飞梁、霍家地、许家坡、东梁、照坡、后土山、岑家湾遗址。

还有78万年的有马梁、雀儿沟遗址，12万年的有山兑、细弦子遗址，10万年的侯家窑、漫流堡遗址，78000年的板井子遗址，28000年的上沙嘴、新庙庄遗址，11600年的有虎头梁、油房、西沟、西白马营

■ 原始人捕猎画面

遗址，4000年的有周家山、九马坊、榆条沟，3000年的有丁家堡、垒泥泉等，总共达130多处，因而这里成为"世界天然博物馆"，有着深厚的文化底蕴。

阅读链接

在泥河湾附近有一座天主教堂，教堂里有一位很特别的神甫文森特，他过着苦行僧的生活。法国考古学家桑志华写了一封《向传教士呼吁》的信，恳请在华北各地的天主教传教士们帮助收集动物化石，文森特于是积极行动起来了。

文森特走遍了化稍营、大田洼、石匣里和深井一带的坡沟山梁，采集到了许多有价值的化石，向桑志华推荐了有关化石。桑志华被泥河湾化石所吸引，先后几次考察，从此揭开了这里考古研究的帷幕。

后来，多个国家和地区的多位专家、学者到这里进行考古发掘和研究。他们在桑干河两岸区域内，发现了含有早期人类文化遗存的遗址80多处，出土了数万件古人类化石、动物化石和各种石器，几乎记录了从旧石器时代至新石器时代发展演变的全部过程。

北京人薪火照亮古文明

北京人头部雕像

在距离泥河湾90千米的地方有个北京周口店，也是著名的旧石器时代古人类文化遗址。这里东西长约140米，平均宽约20米。

洞穴中的堆积物原达40米以上，洞穴形成于第三纪，依据岩性变化自上而下分为13层。从地层堆积看，最先入洞的是鬣狗等野兽，在第十三层和第十一层底部留有鬣狗粪层。此后是"北京人"进洞。

在北京人遗址发现了完整的和比较完整的头盖骨6个、

■ 北京人劳动画面

头骨碎片12件、下颌骨15件、牙齿157枚、股骨7段、胫骨1段、肱骨3段、锁骨1段、月骨1段，这些人类化石分属于40多个不同年龄的男女个体。

北京人体格健壮、骨骼粗大、肌脊发达、身材较矮。整个脑颅较扁，最宽处在外耳门上方，头骨壁较厚，约比现代人厚一倍，脑量小，成年人平均脑量为1088毫升。头盖低平，额骨后倾，眉骨嵴粗大，左右两眉骨互相连接，向前突出，遮盖双眼。

下颌骨最大特点为吻缘前伸，下颏缺乏，多颜孔。牙齿的构造复杂、硕大。上中门齿的舌面有发育的底突，分成几个指状突，上下大齿的齿冠和齿根粗大，齿冠从侧面看呈楔形，上下前臼齿和上下臼齿不仅比现代人的粗大，而且嚼面有相当多的皱纹。

北京人的肱骨和股骨从形态上看基本与现代人相似，但髓腔小，骨壁厚，股骨比肱骨更具原始性。若从整体上看，北京人身体状况近于现代人，只是前额较突出。

旧石器时代 以使用打制石器为标志的人类物质文化发展阶段。我国距今100万年前的旧石器文化有西侯度文化、元谋人石器、匼河文化、蓝田人文化以及东谷坨文化。距今100万年以后的遗址更多，在北方以周口店北京人文化为代表，在南方以贵州黔西观音洞的观音洞文化为代表。

■北京人劳作场景

　　从北京人体质特征可以看出，他们的下肢骨基本具有现代人形态，能够直立行走，上肢已发展成为能够制造工具的手。头骨脑膜语言区部位隆起，表明北京人已会说话，能够运用语言交流，而且有一定思维能力。

　　北京人被称为"猿人"，但由于他们的两腿已能直立行走，双手能够劳动，能用语言传递信息，表明北京人在漫长的岁月中，正是通过劳动，才最终从动物中分离出来的。

　　北京人文化最有代表性的遗物是石器。在洞穴遗址发现了10万多件石器，制作石器的原料以脉石英为最多，绿色砂岩次之，燧石、水晶石和蛋白石最少。

　　北京人制作石器在多数情况下分两道工序，先打出石片，而后从中选坯，进而加工成器。

　　从石核和石片的打击痕迹可以看出，北京人打制石片使用3种方法：锤击法、砸击法和碰砧法，并初步懂得了对不同石料采用不同的打片方法，用砸击法生产小型的石英片，用碰砧法打出大的砂岩石片，用锤击法生产各种大小不等的石片。

北京人制作的石器有砍砸器、刮削器、尖状器、雕刻器、石锥、球形器等。刮削器是北京人使用最多的工具之一，主要用石片制成，多数从阴面向背面加工，有直刃、凹刃、凸刃、多边刃、盘形和圆头等种类，其尺寸一般都很小，长度以0.04米左右者最多。

尖状器是北京人制作最精致的工具，其中有向一面加工的，特点是沿着石片的两侧边缘从阳面向背面把一端修成尖状；有向两面错向加工的，特点是先打击石片的一侧边缘，然后再从另一侧边缘向相反的一面打击，把一端打制成尖状，虽有直刃和斜尖之分，但加工方法是一致的。

在北京人的洞穴遗址里还发现了5个灰烬层和3个灰堆遗存，以及大量的烧骨、烧过的鹿角和朴树子，还有少量烧过的土块和木炭。灰烬层在第十层仅厚几十厘米，至第四至第五层厚达6米，这说明北京人保

刮削器 石器时代人们用石片制成的一种切割和刮削工具。因形状不同，可分为长刮器、短刮器和圆刮器等。这种刮削器是骨质或石质的，用途很多。另外也可以用来制作木制品、竹制品，比如刮去树皮制作棍棒，制作箭等。

文明开化

古老历史

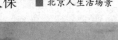
■ 北京人生活场景

存火种的能力不断增强，这种火是有控制的，而非失控的自然火。

灰烬成堆，表明已善于用火，能把火控制在一定范围而不致蔓延。这表明北京人不仅懂得用火，而且已经具有管理火的能力。

北京人已能够用火和管理火，意义重大，有了火便可以吃熟食，这有利于体质的改善和大脑的发育。用火可以御寒和照明，有利于生存，在洞口生火，可防止野兽侵袭，保障群体的安全。

在周口店洞穴中所发现的大批古生物化石，有披毛犀、毛象、剑齿虎、赤鹿、水牛、野马、野猪、鬣狗、水獭及貂之类。

这些不同动物种属，生活于不同地带，虎生活在高山、丘陵或树林间，而成群的赤鹿、羚羊、野马是以草原为生的，沼泽、河川是水牛、獭貂之属的寄生地。

在太古时代的周口店地区，西北有山和丘陵，自然会有成片的森林生长于丘陵山坡，东南是平原，为草原地带。当地的主要河流有大石河、拒马河、周口河与永定河，再往南延伸，还有易水。这些水系，在太古时都是长流不枯的。

■北京人生活画面

另外，在猿人洞中还发现有朴树果核壳和荆树木炭。朴树所结的果子与樱桃一般大小，这是在半干燥区域适宜生长的树木，古生物学家研究报告认为，这种植物在自上新世到更新世就有发现。

■ 北京人生活画面

由此可知，周口店洞穴堆积层中所含的这类植物种子，可证明那时气候是较寒的。关于荆树木炭，古植物学家认为，这类植物和现代豆科中的紫荆相近。

紫荆树，在后来北京西山一带甚为繁多，属温带植物。总之，当时华北的自然条件绚丽多彩，山上有林木花果，坡地有洞穴石岩，平川有草原流水。北京人在这里穴居，靠采集和狩猎为生。

山坡洞穴，是北京人避风雨防野兽的栖息之所。山林、水泽、草原，可给他们提供味甜可食的肉果及猎物。他们拾取河滩的鹅卵石和山地的脉石英等坚硬的石料打制石器，艰难而勤劳地生活着。

北京周口店古人类文化遗址的发现，给我国中华

永定河 古称漯水，隋代称桑干河，金代称卢沟，元、明代有浑河、小黄河等别称。永定河上游有桑干河和洋河两大支流。由于河迁徙无常，俗称无定河。历史上曾留下多条故道，其中离北京较近的大型故道有3条。在1698年，经过进一步疏浚河道，加固岸堤，才将史称无定河改名为"永定河"。

■北京人打制石器画面

燕赵悲歌

燕赵文化特色与形态

民族历史文明谱写了一首美丽庄严的序曲，为研究旧石器时代早期的人类及其文化提供了可贵资料。

周口店北京猿人遗址也因此成为人类化石材料最丰富、最生动、植物化石门类最齐全而又研究最深入的古人类遗址。

阅读链接

位于北京周口店龙骨山的山顶洞人，从人骨化石看，其形态比"北京人"晚得多，故称"北京山顶洞人"，属旧石器时代晚期。

在山顶洞发现有人骨化石、动物化石和石器、骨器等遗物。山顶洞分洞口、上室、下室和下窨4部分。上室是当时人居住的地方，东西长约12米、南北宽约8米。下室是埋葬死者的地方，发现完整人骨架3具。下窨是自然形成的陷阱，发现有许多完整的动物化石。

在人骨化石处散存有赤铁砂粉粒和装饰品，尤其是发现了一根骨针，最能代表当时的文化技术水平，堆积中的黑灰土为烧烤的遗存。

磁山人种粟开创农业

　　经过漫长岁月，至新石器时期，冀南磁山人播种的粟破土而出了，在这块大地上诞生了原始的农业。

　　河北省武安西南的磁山村位于太行山东麓，四周山峦起伏，河流环绕，西依太行山余脉煤油监鼓山，北靠磁山，南临洺河。

■ 新石器时代人们劳作画面

■ 新石器时代人们
制作衣服画面

粟 小米，古称稷或粟。脱壳制成的粮食，因其粒小，直径2毫米左右，故名。原产于我国北方黄河流域，我国古代的主要粮食作物。粟生长耐旱，品种繁多，俗称"粟有五彩"，有白、红、黄、黑、橙、紫各种颜色的小米，也有黏性小米。粟适合在干旱而缺乏灌溉的地区生长。粟在中国北方俗称谷子。

在磁山村东南台地上有一片磁山遗址，磁山文化最鲜明的特点就是富有农业经济色彩。出土的农业劳动生产工具占有很大数量，石斧、石铲、骨铲等劳动工具已基本配套，最具特征的是石磨棒和四足石磨盘等。

石斧用于砍伐和土地垦种，石铲用于翻土播种，磨盘、磨棒用于粮食加工。石磨盘的形状像一块长石板，而两头呈圆弧形，像鞋底状。石磨盘是用整块的砂岩石磨制而成的，正面稍凹，是长期使用造成的。大多石磨盘的底部有4个圆柱状磨盘腿。

磁山遗址共发掘灰坑468个，其中88个长方形的窖穴底部堆积有粟灰，层厚为0.3米至2米，有10个窖穴的粮食堆积厚近2米以上，数量之多，堆积之厚，在我国发掘的新石器时代文化遗存中是不多见的。

陶器是我国人的特有发明，是对世界文明的重大贡献。磁山遗址出土的陶器多为沙质陶器，少数为泥制陶器，均为手工制作，以素面为主。

在众多陶器中，炊具有筒形盂和支脚，吸水器有小口壶，盛储器有大口罐和圈足罐，饮食器有三足钵、平底或圈足碗、舟形碗、平底盘、筒形杯，杂器有火种罐等，分工明确，门类齐全。其中盂和支架独具特色，最有代表性。

磁山文化遗址发掘出土的丰富多彩的原始早期陶器，有许多是成组出现。这里的陶器以夹砂红褐陶为主，有少量夹砂灰褐陶和泥质陶。多采用泥条盘筑和手捏制陶。陶胎厚薄不均，器形不规整，常见歪扭变形的现象。

这里约半数器物有纹饰，以绳纹多见，还有附加堆纹、编织纹、"之"字形篦纹、划纹、指甲纹等。而附加堆纹为泥条组成的波折弧线、斜线、平行线纹带，最具特色。

据考证，磁山文化遗址出土的文物中，有3项是"世界之最"：一是粟的发现，证明我国黄河流域是世界上由人工培植粟类最早的地方；二是家鸡骨的发现，证明我国是世界上最早饲养家鸡的国家；三是出土的炭化核桃，纠正了核桃是汉代张骞通西域时传入我国的说法，将我国产核桃的记载上推到了5000多年，证明了我国是世界上最早种植核桃的国家。

磁山文化把新石器仰韶文化考古年代上溯至1000多年，缩短了新

新石器时代人们劳作场面

■ 新石器时代人们生活图

旧石器时代之间的一段距离，为研究原始社会提供了新重要佐证。

后据考证，中华始祖太昊伏羲曾在磁山生活过，创下了世界之最的华夏伟业。磁山文化是伏羲文化的源，是伏羲文化的根。

磁山文化是我国华北地区的早期新石器文化，与农业起源，伏羲文化、周易发展演变、我国历法的形成、制陶业的发展、数学、美学、建筑学等有着直接关系，是中华文化和东方文明的发祥地之一。

阅读链接

磁山文化博物馆工作人员从一处坍塌的文化层中发现了部分表面附着有植物颗粒的白色块状物体，有关专家认为可能是远古时期的"面粉"。

这些奇异的白色物是粟、黍粉、淀粉，还是白灰？文物部门进行检查分析，认为白色块状物体属于首次发现，保存比较完好，很可能为数千年前的淀粉类物质，也就是最早的面粉。

磁山文化博物馆经过收集整理，共收集到白色块状物体约250克。工作人员将这些物体全部装袋封存，并将部分样品送到有关部门，请专家通过化验作进一步检查。

中华三祖大战阪泉涿鹿

　　随着原始农业发展，氏族制度走向衰落，为物质利益而进行的战争日益增多。约公元前26世纪，黄帝、炎帝、蚩尤三大原始部落，在涿鹿与阪泉发生了激烈冲突。

■ 轩辕黄帝雕像

轩辕城 就是涿鹿故城，位于涿鹿矾山镇三堡村北。据传是黄帝所建华夏第一都城。该城为不规则方形夯土城。遗址内陆续发现了大量陶器、石器，与黄帝所处时代相一致，为研究黄帝、炎帝、蚩尤人文三祖，提供了得天独厚的条件。

为了应付越来越多的战争，首先是亲属部落联合在一起，结成联盟，进而又结成范围更大的联合体，武力强大的黄帝部落征服了不顺从者，很多弱小的部落纷纷投靠，以求得保护。然而，炎帝部落也在四方征讨，扩大自己的势力。为此，黄帝与炎帝间发生了争斗。

黄帝部落和炎帝部落为了取得胜利，都做了相当充分的准备，他们不仅调动了本部落的全部力量，而且也联合了其他部落作为盟军，在这方面黄帝表现得更出色。

开战后，黄帝率领"熊、罴、狼、豹、貔、虎"六部军队在阪泉之野与炎帝摆开战场。阪泉就是古代涿水之源，在矾山西南偏北。六部军队各持自己的崇拜物为标志的大旗，黄帝作为六部统帅也持一面类似大纛的旗，列开了阵势。

首先，炎帝在黄帝没有防范的情况下，先发制人，以火围攻，使得轩辕城外浓烟滚滚，遮天蔽日。黄帝的战将应龙用水熄灭火焰，黄帝率兵将炎帝赶回阪泉之谷，嘱手下士兵只和炎帝斗智斗勇，不伤其性命。

黄帝在阪泉河谷中，竖起7

■ 炎帝雕像

■ 炎黄二帝雕像

面大旗，摆开星斗七旗战法。炎帝火战失利后，面对星斗七旗战法，无计可施，一败涂地，躲回营内不敢挑衅。

黄帝仰慕炎帝的医药和农耕技术，决心与他携手开创文明。他在炎帝营外摆阵练兵，千变万化的阵法层出不穷，让炎帝的士兵看得眼花缭乱。在长达3年多的操练中，各部族的战斗力逐渐增强。

炎帝则利用崖头做屏障，只能观望阵势。然而，黄帝在3年多时间内，一边以星斗七旗战法练兵作为掩护，一边派兵日夜掘进，早将洞穴挖到炎帝营的后方。忽一日，黄帝兵将突然窜出，偷袭了炎帝阵营，活捉了炎帝。

阪泉之战对于开启中华文明史、实现中华民族第

大纛旗 我国古代军队里的大旗，与正方形帅字旗、长方形三军令旗一样都是表示元帅及大本营所在地的。长5尺、高3尺的三角旗。上下两边有齿牙边，分红、黄、绿、白、黑5色；旗心绣飞龙图案，旗边绣回纹或火焰纹，为军旅帅营旗帜。上有飘带，可在军队行进及列阵表演时用。

■ 炎帝陵墓碑

指南车 又称"司南车"，是我国古代用来指示方向的一种机械装置。它利用差速齿轮原理，与指南针利用地磁效应不同，它是利用齿轮传动系统，根据车轮的转动，由车上木人指示方向。据史书记载，东汉张衡、三国时代魏国的马钧、南齐的祖冲之都曾制造过指南车。

一次大统一具有重要意义。阪泉之战以后，黄帝、炎帝连同分别从属于他们的一些部落结成联盟，形成了超越亲属部落联盟的新型联盟的雏形，并确立了黄帝的领导地位，拉开了英雄时代的帷幕。

炎帝败得心服口服，甘愿称臣，发誓不再与黄帝抗衡，促使了我国的政治制度发生了具有划时代意义的历史变革。

涿鹿之战不同于阪泉之战，它是在两个部族集团之间进行的，因而战争打得分外激烈，留下了很多神话传说。

涿鹿位于河北西北部、桑干河下游，传说黄帝与九黎族部落酋长蚩尤在这里九战九不胜，蚩尤做大雾弥漫了三天三夜，黄帝之臣风后在北斗星座的启示下，发明了指南车，冲出了大雾。

还传说，黄帝在困境中得到神界使者玄女的帮助，制作了80面夔龙皮鼓，还用雷兽之骨作为鼓槌，声闻五百里，以威天下。黄帝与蚩尤的战争延续了不少时日，最后的决战在冀州之野进行。

在战斗过程中，双方先由巫师作法，都希望借助自然力征服对方，黄帝呼唤有翼的应龙蓄水，以便淹没蚩尤军队。蚩尤也请风伯、雨师相助，一时闪电雷鸣，风雨大作。

　　黄帝军队再次陷入困境，危急之中，他只得请天女旱魃阻止风雨。天气突然晴朗，蚩尤军队惊诧万分，黄帝乘机指挥大军掩杀过去，取得了最后胜利。

　　当时，在中原以外的四周，北有荤粥、猃狁，西有戎族和羌族。黄帝北逐荤粥后，在釜山与各部族首领，结盟统一符契。

　　涿鹿之战对我国古代华夏族由野蛮时代向文明时代转变产生了重大影响，有力地奠定了华夏民族定居广大中原地区的基础，并起到了进一步融合各氏族部落的作用。

　　取得这场战争胜利的部族首领黄帝从此成为中华民族的共同祖先，并被逐步神化。涿鹿之战是中华民

■ 黄帝陵

蚩尤雕像

族在发轫时期决定后来基本面貌的历史性战争。

远古时代的这两场战争，结束了部落时代的历史，使得各部落的人都归顺了黄帝，一致拥戴黄帝为盟主。从这时起，我国第一个中央有共主的国家建立起来了，黄帝成为我国历史上夏禹以前势力最大的共主。

燕赵悲歌

燕赵文化特色与形态

阅读链接

有一次，黄帝发现他的大圈帽被狂风吹得就地滚动，并不倒地。于是，黄帝砍了一根树枝，扎成圆圈，放在地上用力往前一推，滚了不到一丈远就倒了。经过不断实践，黄帝把两个圆圈扎在一根树枝的两头，放在地上用力往前一推。这次虽然没有倒，滚不了多远就停下来。

后来，经过不断探索，黄帝把树枝圆圈变成中间凿洞的圆形石盘，两个圆形石盘中间横安一根木棍。木棍中间绑了一条草绳，叫人拉着。

仓颉见此，趁机向黄帝说："我给这个东西起个名字，就叫作'车'吧。"

黄帝欣然同意。为了让人们永远记住这个功劳，仓颉和各位大臣商议；命车为"轩辕"。因黄帝当时还没有一个正式名字，就以"轩辕"命名，作为黄帝正式名字。这就是"轩辕"的来历。

慷慨悲歌、好气任侠，是燕赵区域独特的文化特征。波澜壮阔的春秋时期，孕育了独特的燕、赵文化，至战国后期，燕、赵文化逐渐定型。

无论是赵武灵王的胡服骑射，还是廉颇蔺相如的和为贵，无论是精忠舍己的托孤程婴，抑或是锋芒毕露的自荐毛遂，都留下了脍炙人口的人间佳话，展示出了"慷慨悲歌、武勇任侠"的燕赵风骨和忧国忧民、救亡图存的群体潜意识，给燕赵大地增添了悲壮色彩。

慷慨悲歌

燕赵风骨

伯夷叔齐耻食周粟而死

商周时期的人形铜像

在黄帝之后，先后居大位的天下共主有唐尧、虞舜和夏禹等，他们活动的中心均在冀州，匈奴的先世猃狁、荤粥也曾生活在此地。

步入青铜时代，原始社会逐步解体了，中华古文明进入奴隶制社会。帝喾之子、唐尧的异母弟契因协助禹治理洪水完毕，被虞舜任命担任司徒一职，负责掌管教育人民的权力，同时封于商，商部落因此而诞生。

商文化遗迹后来大量分

■ 夏商周时期的青铜神兽

布在漳河流域，商后期最大的文化遗址殷墟也发现于此。除此之外，契在河北平山建都城蕃，契之子昭明在河北隆平、宁晋间建都城砥石，商第十四任帝王祖乙在河北邢台建都城庇……

在商朝统治时期，孤竹、燕亳、山戎、肃慎等几个部族同时存在，其中孤竹、燕亳等成为商朝北方的附属国。

孤竹人原为商先族旁支墨胎氏氏族，商部落迁回南下中原时，逐渐与部落联盟分离，开始独立生存。后辗转于燕山腹地游牧，发展成农牧并举阶段。

大约公元前1600年，商汤封孤竹。从公元前1600年至公元前1046年，孤竹国是商朝在北方的重要诸侯国，是商朝的北部屏障，维护了商朝北疆的安定，为商朝的社会发展创造了条件。

司徒 司徒一姓，是以官职命名的复姓。舜曾为尧时的司徒官，负责管理民众、土地及教化等事情，职位相当于宰相。司徒这个官职始置于唐虞之际，传至周代，被列为尊贵的六卿之一，掌理邦教。

周武王 西周王朝开国君主，周文王次子。他继承父亲遗志，表现出卓越的军事、政治才能，成为我国历史上的一代明君。

盟誓 古代诸侯或卿大夫为了巩固内部团结、打击敌对势力而举办的一种具有制约作用的礼仪。先挖好小坑，歃血为盟，将盟书与牺牲者埋入坑中，如有违背，便如此牲。

至商代中叶，孤竹国发展至中期，定鼎滦河、青龙河畔。这个时期，孤竹国的疆域逐渐南移，西至滦河，北达青龙县北，东抵锦西，南临渤海湾。

至商朝后期，在这个国家出现了夷齐让国的美谈。孤竹国第八代国君有3个儿子，长子叫伯夷，次子叫亚宪，少子叫叔齐。孤竹国国君在世时，想立叔齐为王位的继承人。后来孤竹国君死了，按照当时的常礼，长子应该即位。

但是，清廉自守的伯夷却说："应该尊重父亲生前的遗愿，国君的位置应由叔齐来做。"

于是，伯夷就放弃了君位，出走到孤竹国外。大家又推举叔齐做国君。叔齐说："我如当了国君，于兄弟不义，于礼制不合。"

于是，叔齐也出走到孤竹国外，和他的兄长一起过着流亡生活。在万般无奈之下，人们只好立中子继承君位。

伯夷、叔齐兄弟对商纣王当时的执政不满，不愿与之合作，所以相互让国。为此，他们隐居渤海之滨等待清平之世的到来。后来，他们听说周文王是位有道德的人，兄弟两人便长途跋涉来到周的都邑丰邑。

此时，周文王已死，武王即位。周武王听说有两位贤人

■ 叔齐画像

到来，便派周公姬旦前往迎接。周公与他们立书盟誓，答应给他们兄弟第二等级的俸禄和与此相应的职位。

■伯夷画像

他们两人相视而笑说："奇怪，这不是我们所追求的那种仁道啊！"

当周武王带着装有其父亲周文王的棺材挥军伐纣时，伯夷拦住武王的马头进谏说："父亲死了不埋葬，却发动战争，这叫作孝吗？身为商的臣子却要反对君主，这叫作仁吗？"

周围的人要惩罚伯夷、叔齐，被统军大臣姜尚制止了，并说："此义人也啊！"

周武王灭商后，成了天下的宗主。伯夷、叔齐却以自己归顺西周而感到羞耻。为了表示气节，他们不再吃西周的粮食，隐居在首阳山，以山上的野菜为食。

周武王派人请伯夷、叔齐下山，并答应以天下相让，他们仍拒绝出山。后来，一位山中妇人对他们说："你们仗义不食周朝的米，可是你们采食的这些野菜也是周朝的呀！"

妇人的话提醒了他们，于是他们就连野菜也不吃了。至第七天，快要饿死的时候，他们唱了一首歌：

> 登彼西山兮，采其薇矣。
> 以暴易暴兮，不知其非矣。

慷慨悲歌 燕赵风骨

■伯夷叔齐采薇图

神农、虞、夏忽焉没兮，我安适归矣？

于嗟徂兮，命之衰矣！

于是，伯夷、叔齐饿死在首阳山之上了。

西周末年，在孤竹国晚期，西部的令支部落崛起，孤竹国版图明显缩小了。在公元前664年，孤竹国在齐国进攻下消亡了。

伯夷、叔齐兄弟不为王位相争而相让，在当时的历史条件下是可贵的，因此有关伯夷、叔齐的美德，对于谦恭揖让的民族传统精神的形成产生了重大的影响。

阅读链接

夷齐庙又称"清节庙""清节祠"。顾名思义，夷齐庙是后人为纪念伯夷、叔齐二贤而建，原在永平府内，1455年知府张茂迁改建于油榨镇境内滦河岸边小山平台上。

夷齐庙南门楼上石匾横书"孤竹城"3个大字。庙门外左碑刻"忠臣孝子"，右碑题"到今称圣"。北面以楼代门，楼为"清风楼"，高约两丈，下临滔滔河水，其险无比。夷齐庙地处滦河岸边，水山相连，风景奇美，建筑奇特，又有夷齐二贤故事，历来为人称道，可是后来被毁了。

燕昭王筑黄金台纳贤

公元前1027年，周武王灭商，西周建立。为了加强对全国广大地区的统治，周武王实行了大分封，以作为王室的屏藩。其中重要的封国有卫、鲁、齐、宋、晋、燕。燕是周文王的儿子、武王的弟弟周召公的封地。

周召公雕塑

燕，既是国名又是地名，称其国即是古燕国，称其地则为燕地。古燕国是在北京地区最早自然发展建立起来的奴隶制国家之一，商王朝北方的附属国，因封地在燕山，故国名为"燕"。西周王朝建立后，古燕国臣服于周。

召公被封于燕之后，以

地名为国号，沿用俗称，将自己所建的国家称为"燕国"。

由于周召公需要留在西周王朝辅佐王室，为了更好地保卫西周王朝东北边疆的安宁与发展，就由召公长子克到燕地就封。

在房山琉璃河镇东面的董家林村周围，古称圣水的琉璃河自北而南流，又蜿蜒向东流去，周初燕国的都城就建在了这个河湾地带的高平台上。

随着燕国势力向东北方向的扩展，为防备山戎侵犯，约在公元前657年至公元前618年，燕国第十九任君主燕襄公向北迁都于蓟城，此城原属于蓟国。蓟国由帝尧的后裔建立，历史悠久。蓟和燕相邻，经过一段时间的发展，燕国强盛，蓟国弱小，于是燕国兼并了蓟国。

燕赵文化特色与形态

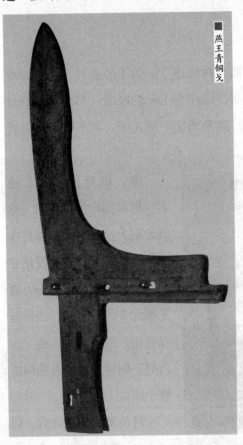

■ 燕王青铜戈

蓟城处于华北大平原的西北端，三面群山环抱、北枕燕山、西依太行山、西北有军都山，平原沃野延展于东南面，永定河、潮白河蜿蜒穿过东西两侧，由于北有天险可守，南有水陆交通之便，于此立都无疑更为理想。

公元前318年，燕国第三十八任国君燕王哙在即位的第三年，做出了一个惊世骇俗的大事，将燕王的君位"禅让"给相邦子之，并把300石以上高官的玺印全部收回，交由子之任命，子之全面执掌了燕国军政大权。

此举引起了太子平等贵族的不服，在公元前314年时起兵攻击子之，失败，死于乱军之中。

这场内乱，造成了人心的涣散和国力的严重削弱。齐国趁机伐燕，燕国大败几乎被灭，燕王哙和子之被杀。在燕国军民的奋力抵抗和赵、韩、秦、楚等国的压力下，齐国不得不退兵，赵国拥立在韩为人质的公子职，并以兵护送至燕国，是为燕昭王。

燕昭王是对燕地文化的形成起了关键作用的一位君主。

燕昭王是一个很有作为的国君，早在他做韩国人质的时候，就受到一些中原诸侯国改革举动的影响，怀有改革燕国的远大抱负。

返国后，面对燕王哙"禅让"事件给燕国带来的政治、经济上的巨大破坏，为了收拾残破局面，使燕国重新回到与列国争雄的地位，他励精图治，发奋图强可谓不遗余力。

首先，燕昭王把原来燕国的军事重镇武阳城营建成陪都，这就是历史上所称的"燕下都"。燕下都位于北易水和中易水之间，是燕国通向齐、赵的咽喉地

禅让 指古代帝王让位给不同姓的人，如伊祁姓的尧让位给姚姓的舜，舜让位给姒姓的禹。这是一种"拟父子相继、兄终弟及"的王位继承制度，是对正统王位继承制的模拟，是上古政治舞台上部族政治激烈角力的结果，目的是让各大部族的代表人物有机会分享最高权力。

■ 燕国印章

■ 战国时期的马车

燕赵悲歌

燕赵文化特色与形态

中原 意为"天下至中的原野"，它是指以河南为核心延及黄河中下游的广大地区，这一地区是中华文明的发源地，被古代华夏民族视为天下中心。古人常将"中国""中土""中州"用作中原的同义语。我国历史上绝大部分时间的政治、经济和文化中心都在黄河流域中原地区，逐鹿中原，方可鼎立天下。

带。燕下都的建立，对于巩固燕国南部疆土，遏止中原诸侯国北进起到了很好作用。

接下来，燕昭王态度谦恭地向燕国贤士郭隗问计，求教治国之策。

郭隗说："贤明的君主，把他的臣下当作自己的老师、朋友。暴君和亡国之君，把自己的臣下当作奴仆。好的国君能迎来天下贤士的赞助。对臣下骄横专断，随便指使，任意斥责，只能得到拍马奉承的无用之辈。"

燕昭王听了，决心招揽人才，便问郭隗："我应该先去拜访谁呢？"

郭隗给昭王讲了一段故事：

古代有位国君，用1000两黄金买一匹千里马，买了3年却没买到。

有一天，有个人去见国王说："我能买到。"

国王就让他去买。那个人用了3个月时间，500两黄金，买回来的却是一个死千里马的骨头。

国君非常生气，说："我要你买活的，死的有什么用？浪费我500两黄金。"

那个人说："买死千里马的骨，都肯花500两黄金，天下人一定会认为您是真心想买千里马，那千里马一定会买到的。"

果然，不出3年，这位国君买到了3匹千里马。

郭隗说完这个故事，说："大王一定要征求贤才，就不妨把我当马骨来试一试吧！"

于是，燕昭王按照郭隗的主意，盖了一座金碧辉煌的宫殿，选择了一个吉日，举行了隆重的仪式，恭恭敬敬地把郭隗请到新宫殿里去住。燕王每天都像学生请教老师那样前去探望郭隗。

为了表达自己的诚意，公元前 310 年，燕昭王在易水河边筑起了一座招贤台，用以招徕天下的贤士。上面堆放了千两黄金，作为赠送给贤士的进见礼。这座高台便是后来著名的"黄金台"。

郭隗（生卒不详），战国时燕国人，燕昭王客卿，是第一位在历史上大放光芒的郭姓杰出人物。他让燕昭王"筑台而师之"，为燕国召来许多奇人异士，终于使得燕国富强，故事千百年来脍炙人口，传诵不绝。

■ 燕国都城"燕下都"遗址

■燕国大将秦开

各国有才干的人听到燕昭王这样真心实意招请人才，纷纷赶到燕国来求见。其中不乏名士：如武将剧辛从赵国来，谋士邹衍从齐国来，屈庸从卫国来，乐毅从魏国来……

在各地名士抵达燕国的时候，燕昭王亲自拿着扫帚为他们清扫道路，表示对他们的尊敬。

燕昭王吊死问孤，与百姓同甘苦。经过28年的恢复，不仅国家日渐殷富，积累了相当实力，而且培养了奋发图强的民风。

公元前283年，大将秦开大破东胡。公元前284年，燕昭王拜乐毅为上将军，联合楚、韩、赵、秦、魏等攻破齐国，占领齐国70多座城池。至此，燕国进入黄金时代，疆域北至辽东，西至上谷，南与齐、赵接壤。

阅读链接

黄金台略成方形，占地20亩，高20米。台顶后建昭王殿，高约8米，两侧为招贤馆，东有钟鼓楼，钟高两米，重约一吨。殿后为进院，内有观音殿；再后为三进院，内建药王庙、孙圣殿、露天石佛等。

整个台上殿、堂、阁等建筑共25间有余，树木花卉盈庭。同时并建一寺，名隆兴，正殿前上嵌宝镜，内有僧侣数十人。殿前凿有一井，后人称金台古井，传说每值夕照，通过宝镜反射，井内呈现类松似柏的奇数影像，遂成河北省定兴县八景之一的金台夕照。

程婴舍子智救赵氏孤儿

颛顼之后造父为周穆王养马。

传说，造父在桃林一带得到8匹骏马，调训好后献给周穆王。周穆王配备了上好的马车，让造父为他驾驶，经常外出打猎、游玩。

■颛顼塑像

有一次西行至昆仑山，见到西王母，乐而忘归。而正在这时，听到徐国徐偃王造反的消息，周穆王非常着急。

在此关键时刻，造父驾车日驰千里，使周穆王迅速返回了镐京，及时发兵打败了徐偃王，平定了叛乱。

由于造父立了大功，周穆王便把赵城赐给他。自此以后，造父族就称为赵氏，为赵国始族。

■ 程婴塑像

正卿 春秋时部分
诸侯国的执政大
臣兼军事最高指
挥官，上卿兼执
政卿于一身，如
楚之令尹，鲁之
东门襄仲，权力
仅次于国君。也
有部分诸侯因政
体不同，未设正
卿一职，如郑以
罕虎当国，公孙
侨为政，即子皮
为上卿，而子产
为执政卿。

后来，造父六世孙奄父之子叔带因不满周幽王的昏庸，离开周王，侍奉晋文侯。从此，赵氏便在晋国落脚，渐成望族。

赵氏迁晋国六世而至赵衰。赵衰曾跟随公子重耳逃亡，后来重耳成为一代霸主晋文公，赵衰于是权重位高。

后来，赵衰之子正卿赵盾执掌晋国朝政，就连当时的国君晋灵公都惧怕他。晋灵公年幼顽劣，宠信奸臣屠岸贾。

屠岸贾为己谋利，于是与晋灵公串通一气，屡次刺杀赵盾，未遂。后赵盾逃匿，但是还未出国境，赵盾的族弟赵穿弑灵公于桃园，赵盾得以继续掌权。赵盾拥立公子黑臀，是为晋成公。晋成公即位后，完全委国政于赵盾。

屠岸贾失势，心里暗中记恨赵氏，但又惧于赵盾的权威，不敢作乱。赵盾死后，屠岸贾又得宠于晋成公之子晋景公。

屠岸贾认为时机成熟，就告诉诸将："当年赵穿弑灵公，赵盾虽然不知道，但是仍是贼首。以臣子弑君主，而他的子孙在朝堂，那还怎么惩罚罪恶之人呢？请诛杀赵氏！"

曾为赵氏家臣的韩厥却反驳道："灵公遇到贼人，赵盾正在逃亡，我们的先君以赵盾没有罪，所以并不诛杀。如今你们要诛杀他的后代，这是违反先君的意思而乱开杀戒。"

屠岸贾不听，决意要下手。

韩厥心急之下亲自到赵氏的宫室要求赵盾之子赵朔赶紧逃亡。

赵朔不愿意，说道："如果你不让赵氏绝嗣，赵朔死而无憾。"

韩厥答应了，回去便称病不出。

赵朔与夫人赵庄姬做生离死别，并告诉赵庄姬："如果生男子，他就叫赵武，当为赵氏复仇；如果生女子，她就叫文嬴，赵氏宗庙就该灭亡！"。

屠岸贾不请示国君而私自带领诸将攻打赵氏于下宫，屠杀赵朔、赵同、赵括、赵婴齐，尽灭赵宗。赵庄姬是晋成公的姐姐，已经怀有赵朔的孩子，逃到晋宗室的宫殿藏了起来。

赵朔的门客公孙杵臼见到挚友程婴，问他为什么没有殉难，程婴说："朔之妇有遗腹，若幸而男，吾奉之，即女也，吾徐死耳。"

■ 周朝象征天子权力的马车

■赵氏孤儿壁画

　　两人心意相通，于是为救援赵氏的后代结成了生死之交。

　　不久，赵庄姬分娩，生下一个男孩。

　　屠岸贾听说了之后，带人到宫中来搜索，没有找到赵氏母子的藏身之处。

　　赵氏母子逃脱了这次劫难后，程婴对公孙杵臼说："屠岸贾这次没找到孩子，绝对不会罢休。你看怎么办？"

　　公孙杵臼问："育孤与死，哪件事容易？"

　　程婴回答："死容易，育孤当然难。"

　　公孙杵臼说："赵君生前待你最好，你去做最难的事情。让我去做容易的事情，我先去死吧！"

　　恰好程婴家中也有一个正在襁褓中的婴儿，程婴含泪采取了调包之计，将自己的孩子抱上，与公孙杵臼一齐逃到了永济境内的首阳山中。让妻子带着赵氏孤儿朝另一个方向逃去。

屠岸贾闻之，率师来追。程婴无奈只好从山中出来说："我程婴不能拥立赵氏孤儿，谁能给我千两金子，我告诉赵氏孤儿的下落。"

诸将都非常高兴，答应了程婴的条件，出动军队随程婴去找公孙杵臼。

公孙杵臼骂道："程婴，你这个小人！当年下宫之难没能随主公而死，与我共谋藏匿赵氏孤儿，如今又出卖我。即使不能扶立少主，又怎么忍心出卖我们？"

然后，公孙杵臼抱着婴儿大呼："赵氏孤儿有什么罪啊？求你们让他活命，只杀我公孙杵臼就可以了……"

诸将不干，将婴儿与公孙杵臼一并杀死。

之后，程婴背着卖友的恶名，忍辱偷生，把真正的赵氏孤儿带到了山里，隐姓埋名，抚养他成人。

15年后，有一天，晋景公生了病，一占卜，得知是赵氏的后代们在从中作祟。

晋景公问韩厥，于是韩厥劝诫晋景公："赵氏的后代在晋国绝嗣的那不是赵氏家族吗？中衍之后，都是嬴姓族人……如今我们的君主却独灭赵氏，国人都很痛

占卜 "占"意为观察，"卜"是以火灼龟壳，认为就其出现的裂纹形状，可以预测吉凶福祸。占卜所需的物质材料分两类，一类是显示卜兆及刻辞用的载体，即龟甲、兽骨等；另一类是整治甲骨及刻辞用的工具，有锯、凿、钻、刻刀等。

公孙杵臼塑像

心。只希望国君能够处理它。"

晋景公问道："赵氏还有后世子孙吗？"

韩厥俱实以告。

于是，晋景公与韩厥谋立赵孤，命赵武见群臣，宣布为赵氏之后，并使其复位，重为晋国大族，列为卿士。程婴、赵武带人攻杀屠岸贾，诛其全族。

等到赵武行弱冠礼，程婴就与赵武等人告别，要实现他殉难的初衷，以及了却对公孙杵臼早死的歉疚之情。赵武啼泣顿首劝阻，终不济事，程婴还是自杀了。

自此以后，侠义之风在赵地就成了一种传统风尚。

赵国的文化源出三晋，而晋国正是我国古代法家智慧与武勇任侠风尚的发源地。而公孙杵臼不忘旧主的品格，程婴舍己为人、忠实于友谊的精神，恰恰是对武勇任侠的最好注释。

燕赵悲歌

燕赵文化特色与形态

阅读链接

宋王室自认是春秋晋国赵氏的后裔，因而对保存赵孤的程婴、公孙杵臼等多次加以追封。南渡之际，徽、钦两帝被掳，赵宋王朝处于风雨飘摇中，"存赵孤"更被赋予了强烈的现实政治意义。

宋室覆亡之后，人们仍把一些忠臣义士、遗民故老反元复宋的行动直接与历史上程婴、公孙杵臼等人保存赵孤的行为相联系。如文天祥曾写诗赞扬抗元忠臣家铉翁："程婴存赵真公志，奈有忠良壮此行。"

元世祖至元年间，元江南释教总统杨琏真珈发掘南宋六代皇帝的陵墓，弃骨草莽，唐珏等人暗中收拾遗骨埋葬。

豫让漆身吞炭谋刺毋恤

赵武之孙赵鞅在位43年，主政24年，不仅为晋国"铸刑鼎"，还以战略的眼光向北展拓疆域，建立了以晋阳为中心的赵氏根据地，又打破传统的嫡长子继承制，挑选了有才能有胆识的庶子赵毋恤，即赵襄子为继承人。

晋阳城是战国时期赵国的初期都城，是赵氏建立国家的根本。

赵鞅死后，晋国正卿由智伯瑶取而代之。智伯为晋国正卿后，竭力发展自家势力，很快成为知、韩、魏、赵四卿中权力最大、实力最强的晋卿。权力的膨胀，助长了智家削弱韩、魏、赵三家势力，独吞

■赵武灵王征战图

■ 赵襄子雕像

晋国之心。

公元前455年，智伯假借晋侯之命，巧以恢复晋国霸业为由，向韩、魏、赵三卿各家索取领地一百里。韩康子、魏桓子明知这是智伯意在强大自己，削弱别家，但不敢与之争锋，而是委曲求全如数交出。

而年轻气盛的赵襄子却不愿俯首帖耳任智氏摆布。

于是，公元前454年，智伯联合魏、韩对赵氏发动晋阳之战。赵襄子遵其父"晋国有难，而无以尹铎为少，无以晋阳为远，必以为归"的遗训，退守晋阳，以其"城郭之完，府库足用，仓廪实"以待。

三方联军攻打晋阳，岁余不能拔，以至引晋水灌晋阳。联军围晋阳3年，"城不浸者三版，城中悬釜而炊，易子而食"，晋阳城仍巍然屹立，使赵终于赢得时间。

赵襄子派人向魏、韩陈说利害，魏、韩因而与赵氏联合反攻智氏，智伯被赵襄子擒杀，智氏从此衰落。

智伯被杀，门客豫让逃到山里，发誓要为智伯报仇。他先是改换姓名，化装为罪人，怀揣匕首，混到赵襄子的宫室中打扫厕所。

赵襄子上厕所时，抓获了豫让。左右随从要将他杀死，赵襄子说："智瑶已死无后人，而此人还要为他报仇，真是一个义士，我小心躲避他好了。"于是便释放了豫让。

过了不久，豫让为了顺利实现报仇的意图，不惜把漆涂在身上，使皮肤烂得像癞疮，吞下炭火使自己的声音变成嘶哑，他乔装打扮使自己的相貌不可辨认，沿街讨饭，就连他的妻子也不认识他了。

燕赵悲歌

燕赵文化特色与形态

豫让在路上遇见他的朋友并被辨认出来，他的朋友说："你不是豫让吗？"

回答说："是我。"

朋友流着眼泪说："凭着您的才能，委身侍奉赵襄子，他一定会亲近宠爱您。亲近宠爱您，您再干您所想干的事，难道不是很容易吗！"

豫让说："托身侍奉人家以后，又要杀掉他，这是怀着异心侍奉他的君主啊。我知道选择这样的做法是非常困难的，可是我之所以这样做，就是要使后世的那些怀着异心侍奉国君的臣子感到惭愧。"

豫让摸准了赵襄子出来的时间和路线。在赵襄子要外出的一天，提前埋伏于一座桥下。赵襄子过桥的时候，马突然受惊，猜测有人行刺，很可能又是豫让。手下人去打探，果不其然。

赵襄子责问豫让："您不是曾经侍奉过范氏、中行氏吗？智伯把他们都消灭了，而您不替他们报仇，反而托身为智伯的家臣。智伯已经死了，您为什么单单如此急切地为他报仇呢？"

豫让说："我将告诉您这个缘故。范氏、中行氏，我寒不给衣，饥不给食，经常把我与上千人一样看待，是把我当作普通大众了。我也当普通

■战国时期的青铜鼎

大众那样为他做事。到了智氏这里就不一样了，出门让我坐车，进门给我足够的供养，大庭广众，必然对我施以礼节，这是以国士来待我呀。以国士待我者，我也以国士的水准为他办事。"

赵襄子很感动，但又觉得不能再放掉豫让，就令让兵士围住他。

豫让知道生还无望，无法完成刺杀赵襄子的誓愿了，就请求赵襄子："我听说明主不掩人之美，而忠臣有死名之义。过去你宽赦我，天下没有不称赞的。今天我罪当处死，只请求把你的衣服用剑砍几下，以满足我为智伯报仇的愿望，我便死而无憾了。"

赵襄子满足了他这个要求，派人拿着自己的衣裳给豫让。豫让拔出宝剑多次跳起来击刺它，仰天大呼："吾可以下报智伯矣！"遂伏剑自杀。

豫让行刺赵襄子，舍生忘死，备尝艰辛，虽未成功，却用生命报答了智伯的知遇之恩。他为知己献身的精神令人敬佩，是燕赵慷慨悲歌之士的代表人物之一。

阅读链接

邢台西20余千米处，有一个村庄叫太子井村。在该村的河滩上，有一眼石井，用青石铺的井台，条石砌的井帮，井深5丈有余。

民间传说，这就是赵襄子当时留下的井。赵襄子是晋国正卿赵简子的太子，封地在邢。

一年夏天，他带人马来此处打猎，人困马乏，但这里荒山秃岭，异常干旱，到处找不到一点水，赵襄子只好对天长叹。正好这时西北天空乌云滚滚而来，电闪雷鸣下了一阵暴雨。人马饱饮一番，齐颂太子有灵。

这时有人祈求太子为民赐水，他便向河滩射了一箭，说箭落处即有水。当地民众集资挖井，耗粮数千担，历时几年，经过千辛万苦，才掘成了这眼"淋漓日夜，获水数十担"的"太子井"。

西门豹治邺不谋私利

公元前439年，魏文侯封邺，把邺城当作魏国的陪都。此后，邺城一步步成为侯都、王都、国都。战国时，魏文侯任西门豹为邺县令。

西门豹到了邺县，集地方上德高望重的人，问他们有关老百姓痛苦的事情。

这些人说："苦于给河伯娶媳妇，因此缘故，本地民穷财尽。"

西门豹问这是怎么回事，这些人回答说："邺县的三老、廷掾每年都要向老百姓征收赋税搜刮钱财，收取的这笔钱有几百万，他们只用其中的二三十万为河伯娶媳妇，而和祝巫一同分那剩余的钱拿回家

■战国时魏国钱币

去。到了为河伯娶媳妇的时候，女巫巡查看到小户人家的漂亮女子，便说'这女子适合做河伯的媳妇'，马上下聘礼娶去。"

"给她洗澡洗头，给她做新的丝绸花衣，让她独自居住并斋戒；并为此在河边上给她做好供闲居斋戒用的房子，张挂起赤黄色和大红色的绸帐，这个女子就住在那里面，给她备办牛肉酒食。"

"这样经过10多天，大家又一起装饰点缀好那个像嫁女儿一样的床铺枕席，让这个女子坐在上面，然后使它浮到河中。起初在水面上漂浮着，漂了几十里便沉没了。"

"那些有漂亮女子的人家，担心大巫祝替河伯娶她们去，因此大多带着自己的女儿逃得远远的。也因为这个缘故，城里越来越空荡无人，以致更加贫困，这种情况已经很长久了。老百姓中间流传的俗语有'假如不给河伯娶媳妇，就会大水泛滥，把那些老百姓都淹死'的说法。"

西门豹说："到了给河伯娶媳妇的时候，希望三老、巫祝、父老都到河边去送送新娘，也请你们来告诉我这件事，我也要去送送这个女子。"

■ 战国玉镂雕龙形佩

这些人都说："好吧。"

到了为河伯娶媳妇的日子，西门豹到河边与长老相会。三老、官员、有钱有势的人、地方上的父老也都会集在此。看热闹来的老百姓共两三千人。

那个老巫婆已经70岁了，跟着来的女弟子有10来个人，都身穿丝绸的单衣，站在她的后面。

西门豹说："叫河伯的媳妇过来，我看看她长得漂亮不漂亮。"

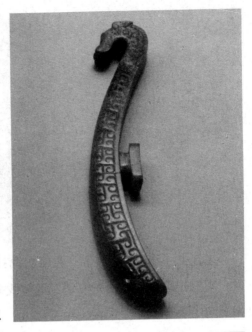

■ 战国勾云纹龙首玉带钩

人们马上扶着这个女子出了帷帐，走到西门豹的面前。

西门豹看了看这个女子，回头对三老、巫祝、父老们说："这个女子不漂亮，麻烦大巫婆为我到河里去禀报河伯，需要重新找过一个漂亮的女子，迟几天送她去。"

然后，西门豹立即派差役们抱起大巫婆，把她抛到河中。

过了一会儿，他又说："巫婆为什么去这么久？叫她弟子去催催她！"

于是，巫婆的一个弟子被抛到了河中。又过了一会儿，西门豹说："这个弟子为什么也这么久？再派一个人去催催她们！"又抛一个弟子到河中。

巫祝 古代称事鬼神者为巫，祭主赞词者为祝；后连用以指掌占卜祭祀的人。《礼记·檀弓下》："君临臣丧，以巫祝桃茢执戈，恶之也。"晋葛洪《抱朴子·道意》："巫祝小人，妄说祸祟。"宋范成大《灼艾》诗："谢去群巫祝，胜如几药汤。"

接连抛了巫婆3个弟子，西门豹说："巫婆、弟子，这些都是女人，不能把事情禀报清楚。请三老替我去说明情况。"于是又把三老抛到河中。

西门豹插着簪笔，弯着腰，恭恭敬敬，面对着河站着等了很久。长老、廷掾等在旁边看着，都非常惊慌害怕。

西门豹说："巫婆、三老都不回来，怎么办？"

西门豹想再派一个廷掾到河里去催他们。这些人都吓得在地上叩头，而且把头都叩破了，额头上的血流了一地，脸色像死灰一样。

西门豹说："好了，暂且留下来再等他们一会儿。"过了一会儿，西门豹说："廷掾可以起来了，看样子河伯留客要留很久，你们都散了吧，离开这儿回家去吧！"

邺县的官吏和老百姓都非常惊恐，从此以后，再不敢提为河伯娶媳妇的事了。

随后，西门豹征发老百姓开挖了12条渠道，把漳水引来灌溉农田，田地都得到了灌溉。在那时，老百姓开渠稍微感到有些厌烦劳累，就不大愿意。

西门豹说："老百姓可以和他们共同为成功而快乐，不可以和他们一起考虑事情的开始。现在父老子弟虽然担心因我而受害受苦，但期望百年以后父老子孙会想起我今天说过的话。"

西门豹治邺，清廉刻苦，不谋私利。可对魏文侯身边的近臣很简慢，君主左右的人就联合起来，说西门豹的坏话。

任官一年后，西门豹去国都汇报工作时，魏文侯要收回西门豹的印信，西门豹说："我过去不知道如何治理邺，现在知道了，请大王再给我一次机会，如果再治不好，愿意接受死刑。"

魏文侯听了西门豹的话，不忍心收回印信，就再给他一年时间。

这次西门豹上任后就加紧搜刮百姓，讨好魏文侯左右的人。一年之后，西门豹再去汇报工作，魏文侯亲自出来迎接他，并向他致谢。

西门豹说："往年我替君主治邺，君主要收回我的印信，今年我换了个方法治邺，君主却向我致谢，我不能再治理下去了，请允许我辞职。"

魏文侯听了这句话，幡然醒悟，说："过去我不了解你，现在了解了，请你继续替我治邺。"

阅读链接

巫分男女，女巫称巫，男巫称巫与觋。

据记载，巫祝之多，有"大祝、小祝、丧祝、甸祝、诅祝、司巫、男巫、女巫、神仕"者等。

他们有明确的分工，其中祝的"神职官位"比巫高。凡王、后、贵人等之丧礼祭祀、国家之祈福安灾、自然灾害、外交战争及王、后、贵人之草药沐浴、身体康健者等，皆由巫祝掌管。

巫祝有知医者，通晓医术，具有"远罪疾"之祷词及医术。"即符咒禁禳之法，用符咒以治病"，可愈疾活人。

赵武灵王穿胡服学骑射

晋阳城作为赵国的初都，经历了赵襄子、赵桓子、赵献子三代君主，其疆域不断扩大。

赵国在取得太行山以东的领土后，疆域开始与齐、燕、魏、韩、中山等国家接壤。面对列强争雄、逐鹿中原的形势，地处偏隅的国都晋阳显然不能适应赵国与列强间政治、军事、外交角逐的需要。

赵武灵王雕像

公元前423年，即赵浣重新执政的第一年，赵将国都从晋阳迁至中牟，完成了赵国前期统治中心的战略转移。

赵献子之子赵籍后来继位，即是赵烈侯。公元前403年，周王室正式承认韩、赵、魏三家为诸侯，与晋侯

并列。于是，赵烈侯成为赵国的开国国君。

中牟为都，历经献子、烈侯、武公、敬侯等，长达38年，为以后进取河北平原、拓广西北边陲疆域，乃至最后定鼎邯郸，打下了坚实的基础。

公元前386年，赵敬侯迁都邯郸。邯郸作为地名在商纣王时已存在，至春秋时期，是晋国东部地区的大都邑。它位于太行山东麓的平原上，不仅土地肥沃，地利宜农，而且处于南北交通大路上，并与太行山东西径道相连，既可四方交汇，又可攻可守。

公元前325年，赵肃侯病死，年少的赵雍继位，即赵武灵王。赵武灵王是一位天资卓越胆识过人抱负远大的君主。当时，赵国正处在国势衰落时期，在和一些大国的战争中，赵国常吃败仗，大将被擒，城邑被占。

赵国在地理位置上，东北同东胡相接，北边与匈奴为邻，西北与林胡、楼烦为界。这些部落都是以游牧为生，长于骑马射箭，他们常以骑兵进犯赵国边境。

燕赵悲歌

燕赵文化特色与形态

赵武灵王见北方游牧民族穿窄袖短袄，生活起居和狩猎作战都比较方便；作战时用骑兵、弓箭，与中原的兵车、长矛相比，具有更大的灵活机动性。于是，他提出"着胡服""习骑射"的主张，决心取人之长补己之短。

由于胡服骑射不单是一个军事改革措施，同时也是一个国家移风易俗的改革，是一次对传统观念的更新，因此，施行阻力很大。

"胡服骑射"的命令还没有下达，就遭到许多皇亲国戚的反对。公子成、赵文、赵造、周绍等人以"易古之道，逆人之心"为由，拒绝接受变法。

赵武灵王驳斥他们说："古今不同俗，有什么古法？帝王都不是承袭的，有什么礼可循？夏、商、周三代都是根据时代的不同而制订法规，根据不同的情况而制订礼仪。礼制、法令都是因地制宜，衣服、器械只要使用方便，就不必死守古代那一套。"

■ 西域骑者画像

赵武灵王冲破守旧势力的阻拦，毅然发布了"胡服骑射"的政令。赵武灵王号令全国着胡服，习骑射，并带头穿着胡服去会见群臣。

■ 赵武灵王骑射雕像

胡服在赵国军队中装备齐全后，赵武灵王就开始训练将士，让他们学着胡人的样子，骑马射箭，转战疆场，并结合围猎活动进行实战演习。

公子成等人见赵武灵王动了真的，心里很不是滋味，就在下面散布谣言说："赵武灵王平素就看着我们不顺眼，这是故意做出来羞辱我们。"

赵武灵王听到后，马上召集满朝文武大臣，当着他们的面用箭将门楼上的枕木射穿，并严厉地说："有谁胆敢再说阻挠变法的话，寡人的箭就穿过他的胸膛！"公子成等人面面相觑，从此再也不敢妄发议论了。

在赵武灵王的亲自教习下，从胡服骑射的第二年起，赵国的国力就逐渐强大起来。后来不但打败了经常侵扰赵国的中山国，而且夺取林胡、楼烦之地，向北方开辟了上千里的疆域，并设置云中、雁门、代郡行政区，管辖范围达到河套地区。

战国时期，各诸侯国相继改革以图强，在变法改革中，以秦国的商鞅变法最为显著，在军事上的改革

慷慨悲歌　燕赵风骨

中山国 春秋战国时期的一个诸侯国，是春秋战国时期狄人建立的一个重要的国家。中山国包括今河北石家庄地区，是嵌在燕赵之内的一个小蛮夷之国，它促进了民族的融合，在文化艺术方面也取得了一定的成就。

商鞅 战国时代政治家、改革家、思想家，法家代表人物。后因在河西之战中立功获封于商十五邑，号为商君，故称之为商鞅。商鞅通过变法改革将秦国改造成富裕强大之国，史称商鞅变法。

却以赵武灵王的胡服骑射为最。

"胡服骑射"虽然是一场军服改革，但影响却是多方面的，使人们的心理和思维方式发生了明显变化，打击了"先王之道不可变"的保守思想，勇于革新的思想得到树立，减弱了华夏民族鄙视胡人的心理，增强了胡人对华夏民族的归依心理，缩短了两者之间的心理距离，促进了两者之间的经济文化交流，为以后的民族大融合和国家大统一奠定了心理基础。

阅读链接

赵国的邯郸都城分为两大部分：赵王宫城区和手工业商业繁荣的居民区。宫城区又由西城、东城、北城三部分构成，平面是"品"字形。西城区近似方形，南北长1416米、东西宽1392米。

城址中部有一座俗称"龙台"的高大土台，是王城主体宫殿的台基。现存地面部分呈方形，南北288米、东西267米；顶部平坦，南北132米、东西102米，高出地面19米。

由龙台往北，还有两座夯土台，形成一条南北向中轴线，两侧又各有一座土台，当年是一个"十"字形的宫殿建筑群，主次分明，脉络清楚。

据考察，这就是赵王城的王宫。东城南北最宽处1434米，东西最宽处935米，呈长方形。东、西两城之间有城墙相隔，又有城门相通，在城门附近，南北各有夯土台一座，俗称"南将台""北将台"，与其他夯土建筑遗址构成另一组有中轴线的宫殿建筑群。

北城平面形状不甚规则，在东、西城的北面，因规模小，又称小北城，东西宽1326米、南北长1557米，城内有两座高大夯土台，是宫殿建筑基址。整个王宫区出土的遗物有布纹或方格纹瓦片、斜绳纹筒瓦、素面平瓦当、四叶走兽纹圆瓦等，这些都是宫殿式建筑所用的材料。

蔺相如为廉颇回车让路

战国时候，赵惠文王得到了一块名贵的宝玉"和氏璧"。公元前283年，秦昭襄王派使者带着国书去见赵惠文王，说秦王情愿让出15座城来换赵国收藏的"和氏璧"，希望赵王答应。

蔺相如塑像

赵王接到了信非常着急，立即召集大臣来商议。大家说秦王不过想把和氏璧骗到手罢了，不能上他的当，可是不答应，又怕他派兵来进攻。于是，有大臣推荐蔺相如。

赵王把蔺相如找来，问他该怎么办。

蔺相如想了一会儿，说："我愿意带着和氏璧到秦国去。如果秦王真的拿15座城来换，我就把璧交

完璧归赵石刻

给他；如果他不肯交出15座城，我一定把璧送回来。那时候秦国理屈，就没有动兵的理由。"

赵王和大臣们没有别的办法，只好派蔺相如带着和氏璧到秦国去。

蔺相如到了秦国，进宫见了秦王，献上和氏璧。

秦王双手捧住璧，一边看一边称赞，绝口不提15座城的事。

蔺相如看这情形，知道秦王没有拿城换璧的诚意，就上前一步，说："这块璧有点儿小毛病，让我指给您看。"

秦王听他这么一说，就把和氏璧交给了蔺相如。

蔺相如捧着璧，往后退了几步，靠着柱子站定。他理直气壮地说："我看您并不想交付15座城。现在璧在我手里，您要是强逼我，我的脑袋和璧就一块儿撞碎在这柱子上！"说着，他举起和氏璧就要向柱子上撞。

秦王怕他把璧真的撞碎了，连忙说一切都好商量，就叫人拿出地图，把允诺划归赵国的15座城指给他看。

蔺相如说和氏璧是无价之宝，要举行隆重的典礼，他才肯把璧交出来。秦王只好跟他约定了举行典礼的日期。

蔺相如知道秦王丝毫没有拿城换璧的诚意，一回到宾馆，就叫手下人化了装，带着和氏璧抄小路先回赵国去了。

到了举行典礼那一天，蔺相如进宫见了秦王，大大方方地说："和氏璧已经送回赵国去了。您如果有诚意的话，先把15座城交给我国，我国马上派人把璧送来，决不失信。不然，您杀了我也没有用，天下的人都知道秦国是从来不讲信用的！"

秦王没有办法，只得客气地把蔺相如送回赵国。

蔺相如立了功，赵王封他做上大夫。

公元前279年，秦王约赵王在渑池会见。赵王和大臣们商议说："去吧，怕有危险；不去吧，又显得太胆怯。"

蔺相如认为赵王不能示弱，还是去的好，赵王才决定动身，让蔺相如随行。大将军廉颇带着军队送他们到边界上，做好了抵御秦兵的准备。

赵王到了渑池，会见了秦王。

秦王对赵王说："听说你鼓得一手好瑟，能为大家展示一下吗？"

赵王不好推辞，鼓了一段。秦王就叫人记录下来，说在渑池会上，赵王为秦王鼓瑟。

蔺相如看秦王这样侮辱赵王，就走到秦王面前，

大夫 古代官名。西周以后先秦诸侯国中，在国君之下有卿、大夫、士三级。大夫世袭，有封地。后世遂以大夫为一般任官职之称。秦汉以后，朝廷要职有御史大夫，备顾问者有谏大夫、中大夫、光禄大夫等。至唐宋尚有御史大夫及谏议大夫之官，至明清时期废止。

■ 完璧归赵石刻局部图

廉颇向蔺相如负荆请罪蜡像

燕赵悲歌

燕赵文化特色与形态

说："请您为赵王击缶。"

秦王拒绝了。蔺相如再要求，秦王还是拒绝。

蔺相如说："您离我只有5步远。您不答应，我就给您拼了！"

秦王被逼得没法，只好敲了一下缶。蔺相如也叫人记录下来，说在渑池会上，秦王为赵王击缶。秦王没占到便宜。他知道廉颇已经在边境上做好了准备，不敢拿赵王怎么样，只好让赵王回去。

蔺相如在渑池会上又立了功。赵王封他为上卿，职位比廉颇高。

廉颇很不服气，他对别人说："我廉颇攻无不克，战无不胜，立下许多大功。他蔺相如有什么能耐，就靠一张嘴，反而爬到我头上去了。我碰见他，得给他个下不了台！"

这话传到了蔺相如那里，蔺相如就请病不上朝，不和廉颇见面。

有一天，蔺相如坐车出去，远远看见廉颇骑着高头大马过来了，他赶紧叫车夫把车往回赶。蔺相如手下的人可看不顺眼了。

他们说，蔺相如怕廉颇像老鼠见了猫似的，为什么要怕他呢！蔺相如对他们说："廉将军和秦王比，谁厉害？"

他们说："当然秦王厉害！"

蔺相如说："秦王我都不怕，会怕廉将军吗？大家知道，秦王不敢进攻我们赵国，就因为武有廉颇，文有蔺相如。如果我们俩闹不和，就会削弱赵国的力量，秦国必然乘机来打我们。我所以避着廉将军，为的是我们赵国啊！"

蔺相如的话传到了廉颇的耳朵里。廉颇静下心来想了想，觉得自己为了争一口气，就不顾国家的利益，真不应该。于是，他脱下战袍，背上荆条，到蔺相如门上请罪。

蔺相如见廉颇来负荆请罪，连忙热情地出来迎接。从此以后，他们俩成了好朋友，同心协力保卫赵国。蔺相如多谋善辩，胆略过人，以国家利益为重，因此，他一直受到后人的敬仰。

阅读链接

在春秋时期，楚国有一个叫卞和的琢玉能手，在荆山里得到一块璞玉。

卞和捧着璞玉去见楚厉王，厉王命玉工查看。

玉工说这只不过是一块石头。

厉王大怒，以欺君之罪砍下卞和的左脚。

厉王死后武王即位，卞和再次捧着璞玉去见武王，武王又命玉工查看，玉工仍然说那只是一块普通的石头，卞和因此又失去了右脚。

武王死文王即位，卞和抱着璞玉在楚山下痛哭了三天三夜，眼泪流干了，接着流出来的是血。

文王得知后派人询问为何。

卞和说："我并不是哭我被砍去了双脚，而是哭宝玉被当成了石头，忠贞之人被当成了欺君之徒，无罪而受刑辱。"

于是，文王命人剖开这块璞玉，见真是稀世之玉，命名为"和氏璧"。

鸡泽毛遂楚廷斥考烈王

公元前259年，秦军围邯郸。危急关头，赵王派平原君到楚国去求救兵，订立合纵抗秦的盟约。

为了完成出使楚国的使命，平原君决定从食客门下挑选20位勇力文武备具者跟随他一同到楚国去。

战国时期赵国钱币

平原君说："使文能取胜，则善矣。文不能取胜，则歃血于华屋之下，必得定从而还。士不外索，取于食客门下足矣。"

可是选来选去，只选出19人，还差一人。

这时候，食客中鸡泽人毛遂向平原君自我推荐："听说先生将要到楚国去签订'合纵'盟约，约定与门客20人一同前往，而且不到外

边去寻找。可是还少一个
人，希望先生就以毛遂凑
足人数出发吧！"

平原君说："先生来
到赵胜门下几年了？"

毛遂说："3年了。"

平原君说："贤能的
人处在世界上，就好比锥
子处在囊中，它的尖梢
立即就要显现出来。如今，处在赵胜的门下已经3年
了，左右的人们对你没有称道，赵胜也没听到赞语，
这是因为先生没有什么才能的缘故。所以先生不能一
道前往，请留下！"

毛遂说："我不过今天才请求进到囊中罢了。要
是我早就处在囊中的话，就会像锥子那样，整个锋芒
都会露出来，不仅是尖梢露出来而已。"

于是，平原君带毛遂一道前往。

到了楚国以后，平原君在楚国宫廷上与楚考烈王
商谈合纵抗秦的事，从早上谈至中午，也没有结果。

于是，毛遂大步跨上台阶，远远地大声叫起来：
"出兵的事，非利即害，非害即利，简单而又明白，
为何议而不决？"

楚王非常恼火，问平原君："此人是谁？"

平原君答道："此人名叫毛遂，乃我的门客！"

楚王喝道："赶紧退下！我和你主人说话，你来
干吗？"

楚国 又称荆、
荆楚，我国历史
上春秋战国时代
的一个诸侯国。
楚国国君，芈姓
熊氏。最早兴起
于丹江流域的丹
水和淅水交汇的
淅川一带，最终
在前223年亡于秦
国。其全盛时的
最大辖地大致为
现在的湖北、湖
南全部、重庆、
河南、安徽、江
苏、江西、浙
江、贵州、广东
部分地方。

■ 国家统一的象征
九鼎

九鼎 夏朝初年，夏王大禹划分天下为九州，令九州州牧贡献青铜，铸造九鼎，将全国九州的名山大川、奇异之物镌刻于九鼎之身，以一鼎象征一州，并将九鼎集中于夏王朝都城。这样，九州就成为我国的代名词。九鼎成了王权至高无上、国家统一昌盛的象征。

毛遂见楚王发怒，不但不退下，反而又走上几个台阶。他手按宝剑，说："如今10步之内，大王性命在我手中！"

楚王见毛遂如此勇敢，没有再呵斥他，就听毛遂讲话。

毛遂说："今楚地五千里，持戟百万，此霸王之资也。以楚之强，天下弗能当。白起，小竖子耳，率数万之众，兴师以与楚战，一战而举鄢郢，再战而烧夷陵，三战而辱王之先人。此百世之怨而赵之所羞，而王弗知恶焉。合纵者为楚，非为赵也。"

毛遂这一番话义正词严，楚王感到非常羞愧，"唯唯"答应了。

于是，毛遂捧着盛血的铜盘，跪着献给楚王："请大王首先歃血为盟，其次是我的主人歃血，再次就是我。"

就这样，在殿堂上订立了合纵抗秦的盟约。

平原君回到赵国后，很有感慨地说："毛先生一到楚，而使赵重于九鼎、大吕，毛先生以三寸之舌，强于百万之师，胜不敢复相士。"

从此待毛遂为上客。

由于赵长期处于战争期间，故赵民自幼就有习武之风，全民敬贤士、勇将，所以赵地各地都弥漫英雄主义的气息。

公元前257年，魏、楚两国军队先后进抵邯郸城郊，进击秦军。赵国守军配合城外魏、楚两军出城反击。在三国军队的内外夹击之下，秦军大败，死伤无数，损失惨重。

尽管如此，但赵国实力迅速下滑。公元前229年，秦乘赵国遭受旱灾之际，兵分两路，南北合击赵都邯郸。赵幽缪王派李牧、司马尚率军抵抗。

秦将使用反间计使幽缪王杀李牧、司马尚。秦将王翦于是率大军攻赵，突破井陉口，攻陷邯郸，俘虏了赵幽缪王。赵国公子嘉逃到代自称代王，公元前222年代王降秦，赵国亡。

李牧 战国时期的赵国名将。李牧战功显赫，生平未尝一败。李牧生平事迹大致可划分为两个阶段，先是在赵国北部边境，抗击匈奴；后以抵御秦国为主。与白起、王翦、廉颇并称"战国四大名将"，并得到武安君的封号。

阅读链接

李牧是当时赵国继廉颇之后的名将。数年间，他率兵北破燕军、南拒韩魏，而且几败秦军，王翦畏之如虎。

后李牧又取得番吾之战胜利，秦王看到这种情况，认为只能智取，不可强攻，遂派人去王翦军中，告诉王翦说："李牧是赵国北边名将，我们不容易打胜他。将军不妨叫人去跟他讲和，以后我自有办法。"

王翦按照秦王的指令，开始与李牧和谈。

之后，秦王又派奸细到邯郸，用大量金银财宝贿赂赵王宠臣郭开，说李牧私自与秦军讲和，密谋反赵降秦。

郭开虽然身在赵国而心在秦，又接受了贿赂，便按照秦王的旨意行事。在郭开的怂恿下，赵王派人逮捕了李牧，把他捆绑起来杀害了。

在关系到赵国生存的危急时刻，赵王逼杀贤将李牧，无疑是自毁长城，加速了赵国的最后灭亡。

寿陵少年学步邯郸

燕赵地域素来是音乐歌舞之乡。当时，邯郸人舞蹈艺术高超，而且又相当普及，成为当时风行的舞步。

比如，邯郸流行着一种"踮屣"的足部动作，穿着无跟小鞋轻轻踮起脚跟而用脚尖舞蹈。此外，邯郸还流行着一种姿势优美的舞步，行走起来轻松自如而且婀娜多姿，许多地方的人都慕名想来学习这种舞步，寿陵少年就是其中的一位。

■ 邯郸学步画像

相传，燕国寿陵地方有一位少年，有一天，他在路上碰到几个人说说笑笑，只听得有人说邯郸人走路姿势非常优美。

他一听，急忙走上前去，想打听个明白。

不料，那几个人看见他，一阵大笑之后扬长而去。

邯郸人走路的姿势究竟有多美呢？他怎么也想象不出来。这成了他的心病。终于有一天，他瞒着家人，一个人跑到遥远的邯郸学走路去了。

一到邯郸，寿陵少年仔细观察赵国都城内来来往往的人，观察他们的步伐、步法、摆手的姿势，甚至是身躯的摆动。他的观察不可谓不仔细，于是他开始模仿，他的模仿不能说不用心，可是他总是学得不像。

他很苦恼，于是坐在城北的小桥边苦苦思索。看着如织的人群，寿陵少年迷茫了，为什么自己总是学不会他们那动人的姿态呢？或许是自己年纪大了，身体已经习惯了自己走路的方式？他下定决心忘掉自己怎样走路，重新开始。

功夫不负有心人，他成功地忘掉了自己原先怎样走路，不过他却没有学会赵国人走路的样子。最终他只好"匍匐而归"，爬着回了

邯郸学步浮雕

燕国。

邯郸学步只是个寓言，未必真有其事，但从这个寓言中也可以看出当时的邯郸人有着较高水平的舞蹈艺术。

战国末期，荀子所著的《乐论》从儒家思想的角度，对音乐的社会功能进行了初步的理论概括。而且，荀子的《成相》篇更是直接反映了燕赵地区"成相"这种民间说唱艺术的兴盛。

西汉时期，燕赵音乐歌舞更趋兴盛。西汉中山人李延年是著名音乐家。他不但善歌，而且长于音乐创作，他的作曲水平很高，技法新颖高超，而且思维活跃，他曾为司马相如等文人所写的诗词配曲，又善于将旧曲翻新。

他利用张骞从西域带回《摩诃兜勒》编为谱写"新声"二十八解，称为"横吹曲"，用于军中。这是我国历史文献上最早明确标有作者姓名及乐曲曲名，用外来音乐进行加工创作的音乐家。他为汉武帝作《郊祀歌》19首，用于皇家祭祀乐舞。

李延年把乐府所收集的大量民间乐歌进行加工整理，并编配新曲，广为流传，对当时民间乐舞的发展起了很大的推动作用。可以说，李延年对汉代音乐风格的形成及我国后来音乐的发展，作出了卓越的贡献。

司马相如 我国西汉时期的大辞赋家，我国古代文学史上杰出的代表，是西汉盛世汉武帝时期伟大的文学家、杰出的政治家。其代表作品为《子虚赋》。作品辞藻富丽，结构宏大，使他成为汉赋的代表作家，后人称之为赋圣和"辞宗"。他与卓文君的爱情故事在民间也广为流传。

■ 张骞从西域归来

汉武帝时，河间献王刘德与毛生等人又共同收集《周官》以及诸子百家论述音乐的文献，整理成《乐记》一书，对儒家的音乐理论作了系统的总结。汉成帝时，王禹任谒者，便将《乐记》献给朝廷。《乐记》一书后经刘向整理后，便成为了我国古代音乐理论的纲领。

魏晋北朝时期，由于民族大融合的影响，燕赵音乐歌舞又呈现出新的特色。早在鲜卑族进入中原以前，鲜卑部落首领就从曹魏和西晋政权那里得到了一批音伎和乐器。

西晋灭亡后，前赵刘聪和后赵石勒又获得了西晋的大量伶官和乐器。其后，几经辗转，这批伶官和乐器又被北魏政权所获得。于是，汉族和少数民族的音乐歌舞在燕赵地区开始并行兼用。

阅读链接

北魏初期，凡朝廷祭祀和聚会，都采用汉乐；而在宫廷中，鲜卑统治者则唱鲜卑歌曲《真人代歌》，时与丝竹合奏，以示不忘其本。至北魏孝文帝汉化改革以后，随着民族大融合的逐渐实现，汉族音乐和少数民族音乐便融汇在一起，形成了新风格的燕赵音乐舞蹈。

《敕勒歌》《踏谣娘》《兰陵王破阵曲》等乐曲便是魏晋南北朝时期优秀燕赵音乐舞蹈的杰作，代表了这一时期的风格。

义士荆轲秦庭刺秦王

秦灭韩前夕，燕太子丹被送至秦国当人质，后来他因受辱又逃回燕国。

当他看到秦军逼近易水，唯恐灾祸来临，于是对他的太傅鞠武说："燕秦势不两立，希望太傅帮忙想想办法才好。"

秦始皇画像

鞠武计划采取合纵政策以对付秦国。太子丹认为此计划旷日持久并不可行，于是鞠武就推荐好友田光见太子。

太子跪着迎接田光，倒退着走为他引路，又跪下来替田光拂拭座席。等田光坐稳，左右人都退下后，太子就离席，向田光请教解决燕秦势不两立的办法。

田光自辞衰老，遂荐挚友荆轲。为了防止计划泄露，田光当场自刎。

荆轲见到太子，转达了田光的临终之言，太子丹闻之跪拜哀泣。

荆轲坐定后，太子离席，给荆轲叩头，说："诸侯都屈服于秦国，没有谁敢和燕国联合。我私下考虑找天下勇敢之士出使秦国，用重利引诱秦王，秦王贪图这些厚礼，我们就一定能如愿以偿了。"

"如果能劫持秦王，让他归还侵占的全部诸侯土地；如果秦王不答应，那就杀死他。秦国的大将在国外征战，而国内又大乱起来，那么君臣必定会相互猜疑。趁这个机会，诸侯就可以联合起来，势必击破秦国。但不知道把这个使命托付给谁，希望先生您给想个办法。"

在太子的坚决请求下，荆轲不再推辞。于是，太子尊荆轲为上卿，让他住在上等的馆舍，太子每天前去问候。

当秦军到达燕国南部的边界时，太子丹非常恐惧，就向荆轲请求说："秦国军队早晚要渡过易水，我虽然愿意长久地侍奉您，又哪里可能呢？"

荆轲说："殿下，我也想向您请求行动了。现在秦王正用千两黄金和万户封邑来悬赏缉拿樊於期将

太傅 我国古代职官。处于专制统治者的核心位置，在皇帝幼小或皇室暗弱时时常直接参与军国大事的拟定和决策，成为真正的统治者。是皇帝统治四方的高级代言人。

上卿 古代官名。春秋时，周朝及诸侯国都有卿，是高级长官，分为上、中、下三级，即上卿、中卿、下卿。战国时作为爵位的称谓，一般授予劳苦功高的大臣或贵族。

■ 荆轲刺秦图

九宾之礼 是我国古代外交上最为隆重的礼节，有九个迎宾赞礼的官员司仪施礼，并延引上殿。另外，"九宾"有多种说法。也指公、侯、伯、子、男、孤、卿、大夫、士，或者指王、侯、公、卿、二千石、六百石下及郎、吏、匈奴侍子等。

咸阳 因山南水北俱为阳，故得名。咸阳遍地秦砖汉瓦，五陵原上汉高祖长陵、汉景帝阳陵、汉武帝茂陵、唐太宗昭陵、唐高宗和武则天合葬的乾陵等28位汉唐帝王陵寝连绵百里，举世无双，被誉为"中国的金字塔之都"。

军。如果能得到樊将军的首级和燕国督亢的地图献给秦王，秦王一定会乐于接见我，这样我才能有报效太子的机会。"

太子丹不忍，于是，荆轲私下去见樊於期，说了自己的计划。之后，樊於期当场就拔出宝剑自杀了。

太子丹事前准备了一把锋利的匕首，叫工匠用毒药煮炼过。谁只要被这把匕首刺出一滴血，就会立刻气绝身死。他把这把匕首送给荆轲作为行刺的武器，又派勇士秦舞阳做荆轲的副手。

公元前227年，荆轲从燕国出发到咸阳去。太子丹以及知道这件事的宾客，都身穿白衣，头戴白帽来为荆轲送行。临别之际，荆轲的好友高渐离击起了筑乐，荆轲和着曲调唱起歌来："风萧萧兮易水寒，壮士一去兮不复还！"

大家听了他悲壮的歌声，都流下了眼泪。荆轲登上马车飞驰而去，始终没有回头看一眼。

秦王听说燕国把樊於期的头颅和督亢的地图都送来了，心中十分高兴，于是在咸阳宫设置九宾之礼接见使者。

荆轲捧着装了樊於期头颅的盒子，秦舞阳捧着督亢的地图，一步步走上秦国朝堂的台阶。

秦舞阳一见秦国朝堂那副威严气势，脸色陡变，浑身发抖，秦国大臣们感到奇怪。

荆轲回过头朝秦舞阳笑了笑，走上前去向秦王谢罪说："他是北方荒野之地的粗人，没有见过世面，今日得见天子，所以害怕，希望大王稍加宽容，让他能在大王面前完成使命。"

秦王对荆轲说："把秦舞阳拿的地图取过来，你一个人上来。"

荆轲从秦舞阳手里接过地图，捧着木匣上去，献给秦王政。秦王政打开木匣，果然是樊於期的头颅。秦王政又叫荆轲拿地图来。

秦王慢慢展开卷着的地图，细细观看，心中窃喜。快展到尽头时，突然露出一把匕首。荆轲见匕首露现，左手抓住秦王衣袖，右手举起匕首便刺。

但是，荆轲并未刺中秦王。秦王急忙拔剑自卫，却又一时拔不出来。于是两人绕着柱子转。卫兵因没有秦王命令，不敢擅自上前。

就在这紧张的时刻，秦王的侍臣突然用医袋抽打荆轲，并提醒秦王把剑推到背后拔出。

秦王顿时醒悟过来，迅速拔出剑来，一剑砍断了荆轲的左腿。荆

荆轲刺秦塑像

轲倒地后，将匕首投向秦王。结果未中，被拥上来的武士杀死了。

秦王对燕国派人行刺非常恼怒，就派大将王翦带兵攻打燕国。燕王喜和太子丹感到抵不住强大的秦军，于是就跑到燕国统治稳固的地区辽东郡的首府襄平。

燕王喜一行人来到辽东，秦军仍在后面攻打，不肯停止进军。太子丹到襄平后，躲在附近的衍水中，暂避锋芒。

此时赵代王嘉写信给燕王，说秦军如此追赶你们，就是因为太子丹的缘故。如果你能杀了他，献给秦王，秦王一定能谅解你而保住你的国家。

愚蠢的燕王竟然听信了这番话，派人去太子丹的藏身之所，刺杀了太子丹。

可是秦军还是照样攻打燕国，公元前222年，秦国攻下辽东，燕国灭亡。在秦国的统一兼并战争中，燕国是最后灭亡的一个国家。

荆轲刺秦王虽未成功，但樊於期、荆轲不畏强暴、以身殉国的壮举一直为人们所敬仰。

阅读链接

秦王统一天下，自称始皇帝。于是他通缉太子丹和荆轲的门客，他们都跑了。高渐离更名改姓给人家当酒保。

有一次，他家主人宴客，酒酣时有人击筑助兴。高渐离听到筑乐，也像其他人评论演奏者技艺的长短。他的主人听到之后，也令他表演一番。不想高渐离竟技惊四座。

不多久，消息很快传到了秦始皇那里，于是秦始皇传他进宫表演。高渐离依然答应了。但是秦始皇知道高渐离是荆轲的朋友，于是让人弄瞎他的双眼，才让他击筑。

高渐离的筑是乐器也是武器。高渐离在筑的中空灌铅，在秦王听击筑着迷不留意时，奋起用灌铅的筑击打秦王。高渐离最终也没有成功而被秦王所杀。

燕赵拾英

在漫长的历史长河中，各朝各代都在燕赵地域留下了的不可磨灭的痕迹，也导致了燕赵文化与关东文化、齐鲁文化、草原文化、中原文化等发生碰撞。但是，燕赵文化与外来各种文化始终存在着密切接触、频繁交流、相互吸取、主动调适的现象。

各种文化的融合，使得燕赵文化在民间音乐舞蹈、戏剧、曲艺、民俗、医药、传统手工技巧等方面呈现出了独特的风格。

樂鴿圖

独秀群芳的武强年画

平安

武强年画

武强南临衡水，北通京津，东接沧州；始于夏商时期，正式建制于两汉。悠久的历史为武强留下了灿若星河的古代文化。

据考证，武强木版年画产生于宋末元初，明清两代最为鼎盛。相传，明永乐年间，山西省洪桐县艺人到此以后，促进了这一艺术形式的发展。

起初是民间画家亲笔画，逐渐发展成刻版印刷，以至全部套版印刷。那时人

烟稠密的武强南关，便是"家家点染，户户丹青"，形成了我国北方最大的木版年画产地之一。

至清康熙、嘉庆年间，社会安定，各业繁荣，为武强年画发展提供了很好的发展环境。

这时，武强年画的生产以县城南关为中心，辐射周围近70个村庄，可谓村村点染，户户丹青，很多农民以年画为副业，多数农忙务农，农闲印画。

每年中秋节以后，各地画商云集武强。每到这个时候，武强南关车水马龙，人山人海，各客店都人满为患，热闹非凡，使这里形成了我国最大的年画集散中心。

当时，出现的著名画店有"天玉和""万兴恒""宁泰""泰兴"四大家，之后相继出现了"祥顺""德隆""东大兴""义盛昌""新义成""吉庆斋""同兴""大福兴"八大家。各村小作坊难以数计。

这些大的画店都是长年生产，皆为前店后坊的

中秋节 我国传统节日之一，为每年农历八月十五，传说是为了纪念嫦娥奔月。八月为秋季的第二个月，古时称为"仲秋"，因处于秋季之中和八月之中，故民间称为"中秋"，又称"秋夕""八月节""八月半""月夕""月节"，又因为这一天月亮满圆，象征团圆，又称为"团圆节"

■武强的鲜花年画

经营模式，临街开门售货，后院为雕版、印刷作坊。出样子有专门画师，有些画师专门受聘于某作坊，有的在家专门从事画稿等作坊上门求画样子。

历史上著名的画师有段老朋、阎老墨、韩春堂、赵大亨等。有的画店长期雇工五六十人，几十台刷画案子，最大的"宁泰"长年雇工300多人，在武强的南关有画案100多台。

至清后期，最为兴盛的是双兴顺、正兴和、乾兴、福兴德、德义祥、德祥，还有八大家中的同兴、新义成，加在一起，被称为"新八家"。

仍以南关为中心，设有"画业公议会"，"新义成"掌柜王访臣和"吉庆斋"掌柜李强斋先后为会长。协调画业事宜，统一熬制颜色，规定市场价格、保证生产质量、市场稳定，使武强画业生产一度趋于规范化生产、经营。

色又鲜，纸又白，年画打从武强来，

南桃北柳论画庄，农家年画数武强。

武强年画是在农耕社会基础上产生的一种农民艺术，是农民思维与物质观念的产物，它的题材、内容、艺术形式都是为适应农民和农村居住特点而产生的。浓厚的乡土气息和地方特色，是武强年画最突出的特色。

从天至地，从古至今，从幻想至现实，武强年画丰富多彩的题材美不胜收。

早期武强年画以神画为主，有"十分年画七分神"之说。随后，武强年画的内容不断丰富，可以分为驱凶辟邪、祈福迎祥、戏曲传说、喜庆装饰、生活风俗等五大门类，成为农耕社会民间艺术的百科全书。

武强年画形式多样，分门别类，"量体裁衣"，如门画、中堂、对联、条屏、贡笺、窗画、灶画、月光、炕围、桌围、云子、开条、斗方、灯方、扇面、绣样儿、张哒、册页、西洋镜、博戏图等，还有单幅、对幅和多幅连环画等。形式多样满足了人们的多种需求。

构图饱满首先是适应木版印制工艺的要求。因为木版年画全靠手工印刷，画版上若有大片空间，便会塌纸沾污画面，因此，艺人总是尽量把画稿画得圆圆满满，几无空闲，在无法补起的空间上，也是添加一些与主题相关、象征吉祥、发

连环画 又称连环图画、连环图、小人书、小书、公仔书等。指用多幅画面连续叙述一个故事或事件的发展过程，题材广泛，内容多样。广义的连环画可以拓展到文人画的卷轴、庙堂的壁画、民间的花纸年画、小说戏曲中的"全相"、建筑中木雕和砖刻。

■ 武强年画

财之类的图案。

　　或者在大片空地上加刻独立的"垫版符号"，这种丰满的画面有助于造成一种充实感，一种热闹气氛。也表达出人们希望生活圆圆满满的美好愿望。

　　武强年画在人物造型上大都是五短身材，夸张的头部重点表现眼睛，目语心声。注重表现不同人物的品格和气质，讲究"武将要威风煞气，文官要舒展大气，美女要窈窕秀气，童子要活泼稚气"。

　　艺人笔下的动物更是大胆夸张头部的刻绘，有"十斤狮子九斤头"之说。

　　武强年画在绘稿上用线简练，线刻大刀阔斧，粗犷奔放，挺拔疏落，高度概括，以阳刻为主，兼施阴刻，运用黑白对比的手法，发挥刀味木趣的效果，呈现出古朴稚拙的艺术风格。

　　也有一些作品阴阳结合、刚柔并济，以粗犷有力的线条区分大的轮廓结构，以委婉顿挫的线条勾勒细部装饰，通篇看去整体感强，既大气磅礴又精制细腻。

■ 武强年画《乐鸽图》

武强年画印刷以红、黄、蓝三原色和黑白为基调，色彩鲜艳、对比强烈。通常神品为红、黄、蓝三套色，戏出花卉类则增加一个品红。

■武强年画《门神》

因黄、蓝重叠可压出绿，黄和粉红重叠可压出橘红，粉红与蓝重叠可压出紫，这样，三套色版可印出红、黄、蓝、绿、紫5种颜色，四套色版可印出红、粉、黄、蓝、绿、橘、紫7种颜色，收到丰富的色彩效果。

武强年画主题突出，结构严谨，画面清晰，线条粗犷，人物形象健美，举止体态传神，堪与天津杨柳青年画、山东潍坊年画、江苏桃花坞年画、四川绵竹年画、河南朱仙镇年画相媲美，是我国年画中一支绚丽多彩的花朵。

阅读链接

武强年画伴随着民俗文化的发展历史，映照出燕赵文化的踪迹。武强年画一般在春节前上市，以满足人们贴年画的民俗需要。

内容主要有六神图像，即天、地、灶、仓、财神及弼马温，为敬神活动所用，以祈求来年幸福康泰；祝福祈祥图，如《吉庆有余》《刘海戏金蟾》等；镇妖辟邪图，如《钟馗》《门神》等；反映世俗风情、教人勤劳善良，修养品德的，如《女十忙》《男十忙》《渔乐图》《打围郎》等，表现了男耕女织、捕鱼打猎的农耕社会民俗；有讽刺不良品行的，如《爱钱钻钱眼》《扶上杆儿撤梯子》等。

一些神话传说、历史人物、戏曲故事也进入武强年画的题材内容，如《三国演义》《孙悟空三打白骨精》《白蛇传》《嫦娥奔月》等。

民间艺术瑰宝杨柳青年画

杨柳青年画

天津历来有着"河海要冲"和"畿辅门户"之称，在这样特有的自然经济和社会历史条件下，天津人创造了丰厚的文化遗产，形成了天津特有的津味儿文化特色。在天津众多的民间艺术中，最具代表性的就是杨柳青木版年画这一民间艺术瑰宝。

杨柳青木版年画为我国著名的民间木版年画，因产于天津西南杨柳青而得名。在我国版画史上，杨柳青年画与南方著名的苏州桃花坞年画并称"南桃北柳"。

据说，杨柳青木版年画产生于元末明初。当时，战乱四起，一个善于雕刻的民间艺人避难来到杨柳青，他一眼就看到了那成片的枣树林，他一下就想起了他的看家本领——雕刻，枣树是最好的刻版印刷的材料。

于是，逢年过节，这位艺人就刻印门神、灶王、钟馗来卖，以此来维持生活，杨柳青的人们也争相模仿。

至明永乐年间，大运河重新疏通，南方精致的纸张、水彩运到了杨柳青，使这里的绘画艺术得到了发展。杨柳青年画从清代雍正、乾隆至光绪初期一直风行不衰。

■ 年画《玉堂宝贵》

杨柳青年画的画样有几千种，至清代中期全盛时期，杨柳青镇的戴廉增画店一年生产的成品就达2000件，每件500张，共达百万幅。

当时，杨柳青全镇连同附近的30多个村子，"家家会点染，户户善丹青"，画店鳞次栉比，店中画样高悬，各地商客络绎不绝，是名副其实的绘画之乡。

康乾时期，杨柳青年画的风格严谨，背景简洁，注重人物神情的刻画。这一时期的代表人物是齐健隆、戴康增两位画师。嘉庆道光年间，杨柳青年画的风格渐趋活泼，画面热闹，色彩丰富，背景也多样。

雕刻 雕、刻、塑三种创制方法的总称。指用各种可塑材料或可雕、可刻的硬质材料创造出具有一定空间的可视、可触的艺术形象。历史悠久、技艺精湛的各种雕塑工艺，如牙雕、玉雕、木雕、石雕、泥雕、面雕、竹刻、骨刻、刻砚等，是我国工艺美术中一项珍贵的艺术遗产。

当铺 是我国古代的抵押机构、典当业的经营场所。它最早产生在我国的南北朝时期，是佛教寺院的一大贡献，时称"寺库"，后来又有质库、解库、典铺、质押等多种称呼。当铺有一整套有别于其他行当的传统。通常有高大的柜台，门外墙上写着巨大的"当"字，总给人一种神秘的隔世之感。

杨柳青年画在清中叶先后出现了两大派，即以表现历史故事为主的齐家和以表现小说戏曲为主的戴家；至清末，又出现了集两者之长的霍家。至此，杨柳青年画三大派形成鼎足。

第二次鸦片战争以后，杨柳青年画一步步走向衰落。后来，霍派五世传人霍玉棠创建了杨柳青镇最大的"玉成号"画庄，杨柳青年画渐渐走向复苏。随着民间艺人对乡土艺术的追求，杨柳青年画发展迅猛，其知名度也日益提高，杨柳青的年画作坊如雨后春笋般蓬勃发展起来。

杨柳青年画的制作方法为"半印半画"，即先用木版雕出画面线纹，然后用墨印在纸上，套过两三次单色版后，再以彩笔填绘。杨柳青年画既有版画的刀法韵味，又有绘画的笔触色调，构成与一般绘画和其他年画不同的艺术特色。

天津杨柳青木版年画取材内容极为广泛，尤以直接反映各个时期的时事风俗及历史故事等题材为特点。如年画《连年有余》，画面上的娃娃童颜佛身，戏姿武架，怀抱鲤鱼，手拿莲花，取其谐音，寓意生活富足，已成为年画中的经典。

其他题材包括历史故事、神话传奇、戏曲人物、世俗风

■ 年画《五子夺莲》

情以及山水花鸟等。特别是那些与人民生活密切关联的题材，如《庄稼忙》《庆赏元宵》《秋江晚渡》《携壹南村访旧识》《新年多吉庆、合家乐安然》《渔妇》以及带有时事新闻性质的《女子求学》《文明娶亲》《抢当铺》等，不仅富有艺术欣赏性，而且具有珍贵的史料研究价值。

以这些优秀作品为代表的现实主义和浪漫主义相结合的优良传统，形成杨柳青年画艺术的主流。

杨柳青年画的艺术特点是多方面的，形成其艺术特点的条件也是多方面的，其中较为明显突出的则是表现在制作上。

一幅杨柳青年画，要经过勾、刻、印、画、裱五大工序。勾，即勾勒轮廓；刻，即将勾成的轮廓刻成版样；印，即将版样印在纸上；画，即在纸上的轮廓描绘涂彩；裱，即将成形的图画装裱起来。

每一幅画都要画师艺人亲自动手，每一幅画都是艺人一次独立的艺术创作。

通常人们画画都是坐在凳子上伏在桌子上，单杨柳青年画却是要站立在地上往门板上画，画室里安了一排可以随意开合的门板，人们叫它"画门子"。

印上了轮廓的宣纸贴在上面，作画的人就站在画门子前面一边画一边端详，一边端详一边画，啥时端详的感觉完美了，啥时收笔。一幅画下来，少则三天五天，多则十天半月。

杨柳青人心性细腻且有耐力，敬艺术如敬神圣，一丝不苟虔诚有加，这也是杨柳青年画活儿绝的原因。

制作杨柳青年画，前期工序与其他木版年画大致相同，都是依据画稿刻版套印；而杨柳青年画的后期制作，却是花费较多的工序于手工彩绘，把版画的刀法版味与绘画的笔触色调，巧妙地融为一体，使两种艺术相得益彰。

由于彩绘艺人的表现手法不同，同样一幅杨柳青年画坯子，可以分别画成精描细绘的"细活"和豪放粗犷的"粗活"，艺术风格迥然不同，各具独自的艺术价值。

杨柳青年画是一种富于民间独特艺术风格和强烈地方特色的木版彩绘艺术珍品，继承了宋元代绘画的传统，吸收了明代木刻版画、工艺美术、戏剧舞台的形式，采用木版套印和手工彩绘相结合的方法，

■杨柳青年画

创立了鲜明活泼、喜气吉祥、富有感人题材的独特风格。

年画《春牛图》

杨柳青木版年画题材广泛、内容丰富、构图饱满、寓意吉祥、雅俗共赏，加之采用刻绘结合的特色手法，刻工精美、绘制细腻、色彩绚丽，被公推为我国民间木版年画之首。

杨柳青年画更以其历史积淀厚重和文化连续性的特征而扬名海内外，是社会科学研究价值的一种综合的集精神与实用、历史和现世的物化成果，具有历史进程中"活化石"之作用，也是历史时代风貌的"百科全书"。

阅读链接

天津杨柳青年画霍派第六代传人霍玉棠之子霍庆有继承父志，利用近30年的时间苦心钻研勾线、刻板、刷画裱等传统技艺，掌握了全套杨柳青年画工艺。

为了杨柳青年画的复兴，他利用业余时间，到民间收集有关资料及老版，老画。还添补创作了杨柳青年画从没有的佛学类等，使杨柳青年画的品种达到六大类上千种。

他把自己练就成唯一的能勾、刻、刷、画、裱五大工艺全能的杨柳青年画画家，这在年画史上是少有的。此外，他和全家人把自己的家宅扩建成"杨柳青年画家庭博物馆"，恢复了杨柳青古镇画乡的老字号"玉成号画庄"。霍庆有为继承、发展、弘扬杨柳青木版年画艺术作出了极大的贡献。

独树一帜的蔚县剪纸

蔚县古称蔚州，远在新石器时代这里就有了人类活动的踪迹，泥河湾地层、庄案、三关等遗址记录着人类在这里最早的生息活动。绵延几千年的文明发展，造就了蔚县深邃的文化内涵。

据史书记载，蔚县剪纸始于清朝道光年间。

蔚县剪纸

蔚县人一般把剪纸称为"窗花"。蔚县剪纸以窗花见长，"天皮亮"可说是最早的窗花形式，即在云母薄片上绘图着色进行装饰。

早期当地还盛行供花鞋、荷包、枕头上刺绣用的"花样"。后融入天津杨柳青年画和武强年画的艺术特色，形成了自己特有的风格。在形成的初期，主要是用剪刀剪。

后来，慢慢发展到用刀刻，但仍然叫作剪纸。经过长时间的艺术实践，蔚县剪纸由简单日趋复杂，由粗糙逐渐走向精细。

蔚县剪纸的最大特点，主要集中在"三分刀工七分染"上。

它的工艺流程别具一格，第一步是"熏样"，即把原纸样或设计的草图，帖在一张白纸上，然后点燃蜡烛进行烟熏，使其在白纸上留下一个清晰"黑样"。后来这道工艺人们已采用晒图的方法。

第二步是"闷"，就是将刻窗花用的宣纸剪成将要刻制的画幅大小，因为剪纸层数一般是30层至50层为宜，所以要用水淋湿，用手压实，使之形成一个整体，以待刻制。

第三步是刻制。蔚县由剪纸剪刀换成刻刀，其优点不仅在于生产的数量多，更主要的是，刻刀能更好地发挥艺人的艺术思想，刻起来能够随心所欲，花样翻新。在艺人的手上，刻刀灵活得像笔一样。刻刀有单刀、三角刀、圆口刀之分。刻制时以阴刻为主，兼有阳刻或阴阳结合的方法，使得作品玲珑剔透，层次分明。

阴刻 是我国一种独特的雕刻方式。就是将笔画显示平面物体之下的立体线条，呈凹形。凹陷下去的字是阴字，凸出来的字是阳字。印章的字是凸出来的，就是阳刻。印章的字是凹陷下去的，就是阴刻。阴刻与阳刻都是我国传统刻字的两种基本刻制方法。

■ 蔚县剪纸《中国龙》

燕赵悲歌

燕赵文化特色与形态

第四步是着色，艺人们的行话叫"点染"。点染所用的颜色要事先用酒调和，因为剪纸的原料是宣纸，用酒调色可以使色彩浸润而不渗透，色彩效果极佳。浓浅浓淡烘托、渲染得当，富有强烈的透明感和立体感。因此，蔚县剪纸有"三争刀工七分染"之说。

蔚县剪纸种类有戏曲人物，鸟虫鱼兽，还有对农村现实生活的描绘等，这些作品构图饱满，造型生动璀灿，色彩浑厚细腻，纤巧里显纯朴。把它贴在纸窗上，透过户外阳光的照射，分外玲珑剔透，五彩缤纷，显得特别鲜灵活脱，别具一种欢快、明朗、清新的情趣。

蔚县剪纸题材广泛，意寓深长，生活气息浓郁。无论是反映人们对吉祥幸福的祈愿还是来源于劳动人民喜闻乐见的历史故事、民间传说及人物；无论是北方特有的文化背景和民俗风情的再现，还是用于四时节令、婚寿礼仪等庆典，都体现了民间艺人高超的智慧和丰富的想象力。

蔚县剪纸风格严谨，形神兼备。它具有以下独特的六大特点：

一为构图时具有上下均衡，左右对称的特点，给人以丰满匀称的美感；

■ 狮子滚绣球

二为刻制时以阴刻为主，阳刻为辅。阴刻见色彩，阳刻见刀功，蔚县剪纸素以刀工精细、色彩浓艳驰名；

三为染色时将点染、涂染、晕染、套染、渲染等技法有机地结合运用，不但富有鲜明的地方特色，还给人以和谐大方的乡土气息感；

四为在人物造型上着意刻画，务求传神妙处，给人以生动优美感，包括其他动植物的造型；

五为采用象征民间吉祥喜庆的连年有余、岁岁平安等图案，给人以吉祥如意、幸福美满感；

六为在阴刻为主的剪纸艺术中，以实用上不遮光的穿透明亮，给人以活灵活现的立体感。

阅读链接

王老赏从七八岁开始学习点染窗花，十二三岁学习刀刻窗花，十七八岁时正式拜本村剪纸艺人周瑶为师学做窗花。

由于心灵手勤、虚心善思，王老赏很快成为各项技艺全面发展的顶尖高手，并刻苦探索当时被老乡贬为"口袋戏""五大色"的窗花技艺改革。

他一生主要有四项成就：

其一，对戏曲人物窗花的创新。他做窗花就以戏曲人物为主。在长期的实践探索中，总结出了"将无项、女无肩"等刻制的心得和诀窍。

其二，对刀具和刻艺的创新。他自制了形状不同的上百把窗花刻刀，其中还包括针尖刀、螺旋刀等异形刀，小到花卉的花瓣、花蕊，人物的眉眼、胡须都细加区分、各有专用，走刀娴熟迅捷、游刃有余。根据所表现的人物、内容和画面的具体要求，他还将阴阳刻结合、灵活自如。

其三，对点彩技艺的突破。为了提高染色技艺，他总是选用上等品色、上等白酒，恰到好处地掌握调兑的比例。

其四，讲艺德。

天下闻名的曲阳石雕

曲阳石雕佛像

曲阳，因地处古恒山弯曲处的阳面而得名，为河北最古老的县份之一。战国时，曲阳为赵国与中山国的重要战场。

秦统一六国，分天下为36郡，始至曲阳县，属钜鹿郡。元朝曾一度将曲阳提升为恒州，下流县，故曲阳也有"恒州"之称。

曲阳有着深厚的文化底蕴，据考证，早在几十万年前，曲阳北部的"灵山溶洞"就有华夏猿人繁衍生息。在五六千年前的仰韶文化时期，氏族部落已在这里出现。至商周时期，曲阳西北部已出现村落。

源远流长的历史积淀孕育出了辉煌的文化。曲阳境内，有见证着我国陶瓷业辉煌历史的定窑遗址，有千年古刹北岳庙，黄石公祠……

曲阳之享有盛名，更因他创造了光辉灿烂的石雕文化。

■ 曲阳石雕《飞仙》

曲阳城南有座黄山，又名少容山。传说女道士昌容曾隐居此山，自称殷女，食蓬藟根，往来山下200余年，颜面如童，故此山又称"少容山"。

黄山横卧东西，状若银龙。满山汉白玉大理石，洁白晶莹，纯净细腻，润滑坚韧，经久耐磨，色泽不败，是石雕的优质材料。这种特有的石料资源是曲阳石雕早期发展的最基本的因素和条件。

相传，春秋战国时期诸子百家流派之一的黄石公，为曲阳人。他婴儿时被弃于曲阳的黄山，后来隐居黄山著书立说，留下《素书》和《雕刻天书》。

他把前部书传给张良，把《雕刻天书》传给曲阳同乡宋天昊、杨艺源两位弟子，从此曲阳人才开始在黄山上创习石木雕刻。

有史料可考，在公元前200年左右，曲阳西羊平

诸子百家 诸子指的是先秦时期老子、孔子、庄子、墨子、孟子、荀子等学术思想的代表人物；百家指的是儒家、道家、墨家、名家、法家等学术流派的代表家。后来成为人们对先秦学术思想人物和派别的总称，他们为我国思想文化发展奠定了基础。

曲阳石雕《观音像》

一带石工开始用当地大理石雕碑碣诸物。这一时期也是我国古代雕塑艺术发展的初期阶段，在制作题材的表现形式上，除继承了战国和秦代的艺术成就以外，由于材料的便利和工具上的进步，石刻艺术成就特别突出。

西汉，曲阳石雕用于建筑业。在保定曲阳王台北村的白草坡上，曾有一座大型汉白玉结构的高塔，相传是东汉光武帝刘秀为一只义犬而修建的，称为"狗塔"，在当地还流传着一个动人的故事。

西汉末年，王莽篡权，改国号为新，而其荒淫无道，新朝上下官吏皆为虎作伥，助纣为虐，天下哀鸿遍野。刘秀为推翻王莽的统治便在河南南阳起兵，之后被王莽一路追杀。

这一天，刘秀跑到曲阳王台北村南的白草坡上，便躲藏在草丛中。追兵一时找不到刘秀，就开始放火烧山。时值秋末，白草坡上的草已经枯黄，一点即燃。

眼看刘秀即将葬身火海，突然从王台北村跑来一只大黄狗，只见它跳进附近的一个水塘中，然后再浑身湿淋淋地跑到刘秀身边滚一滚，把其周围的枯草弄湿。

就这样，那只黄狗周而复始，一次次地在枯草上翻滚，终于制止住烈火的蔓延，从而保住了刘秀的性命，但那只黄狗却因过度劳累而死。刘秀十分感激这只通灵性的义犬，将它埋葬后才离去。

刘秀称帝以后，念念不忘那只义犬的救命之恩，就诏令曲阳当地石匠在那白草坡上修建了一座高塔，以示对义犬永久纪念，而那白草坡也被后人称为"狗塔坡"。

狗塔全部是用当地出产的汉白玉及砖瓦精雕筑成，共13层，高约50米，塔形呈平面八角形，每层四面均设有券门，塔身各层高度及塔径自下而上逐层递减，收分得体。

狗塔底座四面的栏板上，雕刻着数百条形态各异的犬，栩栩如生，引人入胜。

狗塔第一层的外壁上刻有光武帝刘秀为义犬亲自撰写的祭文，塔内第一至第四层的石壁上还刻有浮雕壁画：第一层是"义犬救刘秀"的惊险场面，赞颂了义犬舍死救人的精神。

第二层是"荆轲刺秦王"的历史画面，表现了战国时期燕国侠客荆轲不畏强暴、舍死报国的英雄气概。

■ 曲阳石雕《雄鸡报晓》

■曲阳的大象石雕

第三层是"刘秀大战昆阳"的战斗场面，曲阳石雕艺人通过自己的艺术构思与精湛的雕刻技艺，使活生生的战斗场面跃然于坚石之上，以此表现光武帝刘秀推翻王莽、天下悦服的正义行为。

第四层是"田园雨耕图"，此浮雕刻画的是农夫赶着耕牛在清风细雨中劳作的场面，表现了刘秀称帝之后，人们安居乐业和风调雨顺、五谷丰登的社会现状。

狗塔内的那些浮雕作品，构图严谨，布局匀称，刀工细腻，形象逼真，艺术性较高，代表着当时曲阳雕刻艺人的技艺水平。

曲阳狗塔是我国最早的纪念碑式大型石雕建筑物之一，也是我国东汉时期石雕艺术成就较高的建筑物。

元代时，曲阳石雕艺术有了新的发展，作品造型优美，做工精细，奇巧生动，品种丰富，风格、流派各异，石雕艺人层出不穷。

杨琼是元代时曲阳黄山脚下西羊平村出名的石雕艺人，其父、叔、兄均以石雕为业，唯杨琼技艺高超，每自出新意，天巧层出，人莫能及。

元世祖忽必烈建都，诏各地石匠进京献艺。杨琼取汉白玉两块，雕刻成一狮一鼎，忽必烈见之大喜，赞道："此绝艺也。"

明清时期，曲阳石雕工艺更加精巧，清末曲阳人雕刻的《仙鹤》《干枝梅》等作品在巴拿马国际艺术博览会上荣获第二名，国际上称为"曲阳石雕"。

曲阳石雕的传统工艺是利用开脸特技法，在石料上画出大概轮廓，先雕鼻子，再从头到脚依次雕刻，做到内外有度，比例协调。

曲阳石雕传统产品有碑刻、经幢、栏板、八仙、八音人、佛像、武士、仕女、石狮、石猴、石虎、石象、石羊、石棺、石灯、石柱、石墩、石槽等。

曲阳石雕既不失魏代神秘朦胧的粗框气魄，又承袭唐宋自然丰满庄重优美的造型，菩萨观音、力士天女、龙凤狮兽为其艺术典型。

阅读链接

曲阳北岳庙内存有碑、碣、经幢200多通，并建有碑廊、碑楼，是河北最大的碑群之一。

从时代上说，自南北朝北魏、北齐、唐、五代、宋、金、元、明、清各代碑刻俱全，跨越1500多年。碑刻中最早的北魏和平三年刻制，是我国现存碑刻中极为宝贵的稀世珍品。有"大唐定州北岳恒山灵庙之碑""大唐北岳祠碑""大唐北岳神之碑""大宋重修北岳安天王庙之碑""大宋重修北岳庙之碑""苏轼诗词碑""大元封加北岳手诏碑"等，堪称书法艺术的宝库。

北岳庙内建有雕刻艺术馆，保存古雕刻100多件。其作品有人物、动物、佛像、经幢等，尤以"西汉石虎""北魏石狮""北魏背光千佛像""唐代石灯""唐代大佛""石佛笑和尚""金代经幢"为最佳。

燕赵区域的制瓷工艺

商周时期，燕赵出现原始瓷器。东汉时期，瓷器出现，河北省安平逯家庄东汉墓出土有瓷制品。三国至西晋，燕赵的瓷器极少发现。

北朝时期，燕赵青瓷大量出土。河北省景县封氏墓中发现的瓷器，是北朝青釉瓷器的典型作品。

■ 宋代的青瓷

此墓出土瓷器100多件，有绿釉陶、栗壳黄釉，还有很多浅青釉和淡黄釉的杯碗，一件豆青杂釉高脚盘，4个高约1米的堆雕莲花青釉大尊。

莲花尊造型奇特、雄伟。受佛教影响，尊上堆雕两朵大莲花，一仰一覆，颈部贴着浮雕飞天和飞龙，上加宝珠形顶盖。制作精美，施釉均匀，装饰瑰丽，集中运用印贴、刻画、堆雕等艺术手法，工艺水平相当先进。

隋代，青瓷仍为燕赵瓷器的主流。在河北磁县贾壁村，发现隋代青瓷窑，此窑瓷器的瓷质大致可分两大类：

一类胎质细腻，瓷化良好，颜色灰白，胎面施一层透明青绿色釉，烧成温度在1200度以下；另一类胎色青灰，颗粒较粗，有黑色斑点。贾壁瓷器以轮制成形为主，只有少数附件如砚足、罐系等用模印、手捏好之后再粘接上去。

■ 南北朝时期的莲花尊

唐朝初期，燕赵白瓷的制作技术已非常先进，其工艺技术已可与青瓷平分秋色。唐代邢窑所制白瓷，成为燕赵白瓷制品的代表作。邢窑白瓷质量很好，胎骨坚实、致密，故叩击有金石之声。

邢窑所出的瓷器胎土色白而细洁，坯体极坚硬。釉白而润泽，有微微闪黄，带一点儿乳白色，胎釉之间有一层下釉，俗称"护胎釉"，烧成温度已达1000度以上，器物造型有浑厚凝重之感。

邢窑白瓷产量极大。邢窑白瓷与越州青瓷齐名，当时远销海外。在埃及福斯塔特、印度勃拉名巴古代遗址中，都发现邢窑白瓷。在日本平城京和平安京及其周围地区出土的唐代白瓷中也有邢窑制品。

瓷器 我国古代的伟大发明之一。大约在公元前16世纪的商代中期，我国就出现了早期的瓷器。一般称其为"原始瓷"。宋代是我国瓷业最为繁荣的时期，当时的汝窑、官窑、哥窑、钧窑和定窑并称为宋代五大名窑。

宋代是我国瓷器全面发展时期，当时全国有五大名窑，燕赵定窑产品名列瓷中之冠。

定窑位于河北省曲阳县涧磁村，窑址遍布村东、北、西三面。此处瓷土、釉土品质优良，为定窑制瓷工艺技术的发展提供了优越的自然条件。定窑出现于唐，兴盛于宋。

它继承了邢窑的工艺技术，在此基础上由单色釉发展到多色釉，由素瓷发展为各种刻花、印花、贴花和剔花瓷器，甚至出现彩绘和模仿木纹或犀皮漆纹的绞釉器。

定窑的生产采用覆烧法，凡有纹饰、质地高的器物，均系覆烧而成。出土的"支圈"，即是覆烧时的一种工具。配釉以白云石代替石灰石，釉中三氧化铝和二氧化硅的成分与明清瓷器接近。

施釉很薄，一般只有0.1毫米左右。定窑白瓷有镀金口、银口或铜口的做法，这样既表明了使用者身份尊贵，显示了豪华，又弥补了覆烧法器口无釉的缺陷，用包镶口的办法把漏釉部位包了起来。

定窑以烧造白瓷为主，此外还烧颜色釉。由于定窑地位很高，仿造者颇多。

■ 定窑白釉菊瓣盘

定窑器物花纹也颇突出，"定窑花瓷瓯""定州花瓷琢红玉"，都是对定窑花纹的称颂。定窑划花、刻花用刀或竹片划刻，印花用模，花纹多作牡丹、萱草、飞凤之形。印花工艺特别精细，艺术效果极强。划花虽逸笔草草，艺术水平却很高。

定窑还有金彩描花器，制作时用大蒜汁调金描画，然后再入窑烧，工艺水平很高。时人称"定窑器珍于天下"。

宋代，在青瓷、白瓷取得辉煌成就的同时，以磁州窑为代表的黑釉瓷器也得到发展。成就最卓越的便是开始使用瓷器釉上用笔彩绘的装饰方法。

在白釉上面用黑色、赭色、茶色等色料作画，运用新的技巧，创造刻花兼绘画、剔花、刻填等各种技法。这种别开生面的艺术装饰成为北方各民窑装饰艺术的主流，此种装饰风格被称为"磁州窑风"。

磁州窑广泛分布在漳河两岸，其中以观台窑最为有名。磁州窑以磁石泥为坯，此种磁石非吸铁引针之磁石，也非烧料为磁粉之类。而是另一种石，其色光滑而白，其性埴而松，其器美而不致，实与瓷土异，唯磁州、许州有之。

磁州窑生产白瓷与黑瓷，其黑瓷的黑釉与定窑黑瓷有别，呈铁砂色，其中多有铁锈花。其白釉纯白如牛乳，有开片与不开片两种。磁州窑烧制的白地绘画黑花、白地绘画酱花、绿地黑花、白釉剔花、白地赭花、黑地白花、黄地黑花、珍珠划画器物，代表了磁州窑的工艺技术水平。

磁州窑的赭色、茶色、绿色等彩绘，是在小窑中用低温再烧而成，属釉上彩，俗称"宋加彩"，是在唐三彩、贴花、剔花基础上发展而成的。

磁州窑在我国瓷器装饰艺术史上具有划时代的意义，其彩绘技术为以后元明青花、五彩瓷绘的发展铺平了道路。

至辽代，契丹和汉族工匠继承了唐、五代制瓷技术并加以发展，创造出著名的辽瓷。在辽南京、中京、上京、东京等地，出土大量辽瓷，发现许多辽代陶窑遗址，反映了辽瓷的工艺特点和技术水平。

辽白瓷胎质很细，色纯白，不透明，瓷化程度高。辽瓷主要分两种，一种是高温细胎白黑瓷器；一种是高温缸胎茶绿、黑、赭杂色大型瓷器。另外还有一种低温釉陶器，称"辽三彩"，上有多种印花，形象逼真传神，具有浓厚的生活气息。

辽瓷的造型体现了契丹族的民族风格。各地出土的作品鸡冠壶、扁背壶、鸡腿坛之类，都适应了契丹人的生活需要。以鸡冠壶为例，它是从利于马上携带的皮囊演化而来，极具独创性。

辽瓷的另一特点便是素胎装饰上普遍使用堆花。有的将印好或塑好的花堆贴在器身上，如蟠龙、牡丹、人物等，形象甚为逼真，艺术水平颇高。

阅读链接

磁州窑不仅因规模大、产量高和历史悠久而出名，更重要的是在于它丰富的民间文化内涵。尤其是它上面的绘画和题铭最具特色，完全摆脱了官府的各种规制，而按照民间习俗和需要自由发挥。

装饰内容主要来源于自然和生活。多为自然界的山水、树木、花草、水藻、龙纹、凤纹、游鱼、老虎、奔马等，并且还常以人物画来装饰各类瓷枕，如《童子钓鱼》等。

磁州窑的另一特点是以各种纪年、题句、姓氏、题诗款来装饰器物，其书写方法无一定规格，非常随意，且常见有警句、吉祥语、俗语等，如"孤馆雨留人""清风细雨，黄花绿叶""有客问浮世，无言指落花"等。

上述题句多写在各种瓷枕上，完全采用民间白话语言，既增加了民间文化气息，又具有吉祥之意，故深受百姓喜爱。

京畿神韵

金元明清定都北京，燕赵便成为腹里、京畿。元朝以后，处于全国中心地位的京都文化同燕赵文化相融合，这样，燕赵文化又呈现出了新的风貌，它是燕赵文化极为辉煌的一页。

全国各地的文化在北京融汇、聚合、交流，又辐射至全国各地。而从北京至全国东南西北各地，或从全国各地进入北京，都必须经过燕赵大地。因此，燕赵文化变得更加丰富多彩。

笙管乐遍布冀中平原

在冀中平原，即北京以南、天津以西，沧州、定州一线以北地区，流传着一种民间音乐会，因主要用管子领奏、笙等和奏，故又称"笙管乐"。

除笙、管类乐器外，另有云锣、笛及击奏类乐器鼓、铙、钹等。乐曲分套曲、小曲及独立成套的打击乐三类。套曲篇幅长大、结构复杂，是"笙管乐"的主要组成部分。

冀中笙管乐原有"北乐会""南乐会"两种演奏形式。"北乐全"乐队编制8人至10人，主奏乐器管子的管身较细，音量较小，发音柔和，演奏

■ 战国时期的青铜编钟

风格古朴端庄，速度缓慢，比较典雅。

"南乐会"乐队编制往往在10人以上，主奏乐器管子的管身较粗，除一支管子为主管外，还配有多支副管，因此，吹奏起来，声音洪亮，旋律多变化，演奏风格活泼风趣，速度较快，比较热烈。因此，"南乐会"成为冀中笙管乐的代表。

廊坊固安屈家营音乐会源远流长，相传系以师旷为祖师。据考证，屈家营音乐会的历史可以清晰地追溯至15世纪中叶，明清时期已在京津寺庙和冀中民间演奏。

屈家营音乐会乐队编制固定，24名乐手演奏为"满棚"音乐，12名乐手演奏为"半棚"音乐。

屈家营音乐曲目丰富，包括13支套曲、7支大板曲、20支小曲和一套打击乐，由普通流行的传统曲牌和本身独有的曲目两大类组成。

内容包括宗教佛事、民间哀乐、故事传说、封建宗法、军政事务、自然生态、节令、动物、景致与儒家学说、人物、事迹等方面。

演奏乐器包括管、笛、笙、鼓、镲、钹、铛与云锣，也有用于集合会员和出会开道的大号铜锣。

■ 吹笙浮雕像

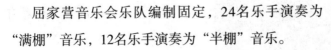

师旷　山西洪洞人，春秋时著名乐师。他生而无目，故自称"盲臣""瞑臣"。在晋悼公初年进入宫廷担任主乐大师，凭借其艺术造诣、满腹经纶和善辩口才赢得悼、平二公的信任，悼公末抑或平公时为太宰，是著名的政治家、教育家、音乐家。

其演员角色有总管、攒管、香首、师者和一般会员、会友等。

传统活动日是农历正月初一与正月十五：正月初一的演出是拜会和游庙，正月十五的演出是纪念师旷祖师和超度亡灵。除此之外，平时在赶庙会和求雨等活动中也演出。

屈家营笙管乐曲目丰富，乐谱完整，乐手技艺精湛，在我国古代音乐及寺庙音乐与民间音乐交融衍变的研究上，有较高的参考价值。

涞水南高洛村是一个以农业为主的普通村庄，自古村里文化底蕴极其丰厚，其中尤以南高洛音乐会名播四方。南高洛音乐会，也称后山古乐会。

涞水南高洛音乐属于古代祭祖和宫廷鼓吹乐遗存的活化石。

南高洛音乐会有一条"不准增加新曲目，不准增加乐器种类，不准改变演奏方式，严格按老艺人传下来的规矩进行演奏，不准走样"的会规。因此，尽管经过了很长的时间，高洛音乐会仍保留着"奏、打、舞、唱"的遗风。

古代吹笙塑像

南高洛音乐会的主要乐器有大管、唢呐、笙、笛子、喇叭号、大鼓、二鼓、大锣、底胡、板胡、堂鼓、盆鼓、铙、镲等10多个种类。

演奏时，由大管领奏，打击乐配音，一般使用4度和弦和8度和弦。乐谱原来使用古老的工尺谱，后来改用简谱。演奏形式上原来多以大齐奏单一旋律为主，后来逐步掌握了多声部转调乐曲的演奏。

南高洛音乐会分文、武两坛。文坛负责唱、诵、念、宣卷、统表等事宜，武坛是吹打演奏。

演奏有两种形式：一是以笙、管、笛、锣为主的乐器演奏；二是以木鱼、磬、碰钟、云锣、铙、钹、鼓板为主的法器演奏。据当地老艺人回忆，音乐会鼎盛时，乐手多达300人，每器都有10人以上操奏，奏、打、唱一应俱全。

高桥村音乐会为僧传吹打乐，相传系由清康熙年间云游至此的正定大王庙乐僧广达和尚所传的佛乐演变而来，俗称和尚经。其演奏时由管子领奏，有3个和尚诵经，12个乐师演奏。

■战国时期的葫芦笙

高桥村音乐会靠家族方式传承延续，自诞生之日起，即以尚姓人为主要乐师。尚家不仅世代精通"点笙"，而且谙熟音律古韵，在很大程度上保证了高桥村音乐流传久远而不走形。

高桥村音乐属当地"北音乐"，又称"经"，有别于俗世民众自娱自乐的"南音乐"，俗称"会"。北音乐乐器形制较小，音乐节奏较快，乐手着装也不同于"南音乐"。

高桥村古乐较好地保存了远古民间吹打乐的原始风貌。同时，高桥村音乐中蕴含着当地民间音乐的成分，带上了地域文化的印记，对研究佛教音乐与地方民间音乐的交融互渗有一定的参考价值。

清乾隆时，胜芳镇先后建起了12道"音乐会"，其中以胜芳镇南音乐会最为著名。

胜芳镇南音乐会是寺院佛教音乐流传民间的产物，其传承方式为口传心授。胜芳镇南音乐会风格古朴，自创会以来，历经数百年而变异甚微。其演奏方式、演奏内容、使用乐器等都有严格定规。

霸州胜芳镇音乐会能演奏30多支曲牌，最擅长大套曲清吹、山坡羊等。曲目中既有佛教乐曲，也有俗世风格的村调，雅俗兼具，深受民众喜爱。

除参与当地丧事民俗活动外，霸州胜芳镇南音乐会每年还要出庙会演奏3次，并主办胜芳琉璃佛。胜芳元宵灯会期间，霸州胜芳镇南音乐会是唯一可以参加摆会的乐社。

霸州胜芳镇南音乐会于清末开始兼收高腔、昆曲，成为镇内最大的音乐社团。在当地众多音乐会中，幡旗、角灯、鼓架、茶挑等构成的宏大阵形成镇南音乐会的特色。

胜芳镇南音乐会的演出仪式、阵形及具有独特风格的相关器物都是佛教音乐在民间的真实遗存，也是认识研究古典佛教音乐及当地民俗民风的重要资料。

阅读链接

冀中笙管乐的演奏者全部是不脱离农业生产的农民，除农忙季节外几乎每天晚上都要聚集起来演奏。除自娱外，有时也参加民间婚、丧、喜、庆的礼仪演奏。

特别是每年的灯节前后，更是吹歌会的活动高峰，各村吹歌会都要受聘到邻近的友好村庄去"串村"，一路不停地演奏，乐队一进村则鞭炮齐鸣，锣鼓喧天，热闹非凡。

冀中管乐代表性的乐曲有《放驴》《小二番》《大二番》《万年欢》《集贤宾》《哈哈腔》《双黄莺》《豆叶黄》《脱布衫》《大扯不断》《抱龙台》《大绣鞋》《小磨坊》《斗鹌鹑》《八仙庆寿》等。

刚柔并济的井陉拉花

井陉拉花表演

井陉位于河北西部与山西交界的太行山深处，素有"天下九塞，井陉其一"之说。井陉历史悠久，源远流长。悠久的历史孕育了井陉优秀的文化艺术。

井陉拉花是诸多民间艺术中的佼佼者，也是井陉人最喜爱的民间舞蹈，素有"井陉拉花遍地扭"俗语。

井陉拉花源于民间节日、庙会、庆典、拜神时的民间街头花会，历史悠久，源远流长。早在813年成书

■ 古代铜锣

井陉 历史名地，一则天下险塞，再则兵家必争。早在50000年前的旧石器时代，冶河下游的东元村就已有古人类生息。至四五千年前的新石器时代，境内已有人类原始居民聚居。据对胡家滩、吕家、段庄、马村等地发现的陶器、石器等物考证，为新石器时代文物。

的《元和郡县志》就有记载。

关于井陉拉花的产生，还有一个美丽的传说：

据说，在宋末元初时，井陉深山里有一个残忍无道的歹徒，占山为王，经常抢劫民财，残害百姓，每逢年关，都要下山抢男霸女，男的充当奴隶，为其守护山寨，女的供其淫乐。当地百姓恨之入骨，便想除掉这个恶贯满盈的山大王。

有一年春节，当地百姓选拔了一伙胆大心细、武艺高强的青年男女，装扮成卖艺的，如：村姑、花童、渔妇、田公、货郎等。

身着五颜六色的彩衣，手持精巧美丽的花伞、花扇、花瓶、花篮、霸王鞭等物件，暗中携带着各种兵器，佯装途经山脚，故意让强盗劫掠入山。

深夜，这些青年男女趁山大王寻欢作乐和给他献艺之机，与被抢劫去的民夫里应外合，放火烧了山寨，除掉了山大王，解救出许多被掠的黎民百姓。

自此以后，每逢年节，当地百姓都打起花伞，舞起彩扇，挑起花瓶、花篮，打起霸王鞭，结队欢舞，以示庆祝。

拉花的形成和发展，是游动文化和大山文化相互融合的结晶。在融合的过程中，它不仅承袭了其他舞蹈的特点，更主要是根据井陉特有的地域特征、风俗特征而发展形成了独有的舞风。

拉花是一种不受场地限制，既可街头、场院演出，也可登台献技，时间可长可短的群舞。

演出方式可分为两种，一种是行进中的演出，称为"过街"，这种表演因受行进的局限，仅能用一根鞭、二龙并进等简单的队形，无法追求舞蹈的完整性，但有因地制宜的特点，一般在参加拉会和踩街时采用。

另一种为场地演出，其队形多变，能充分发挥演员的表演技能，而且演出非常完整。参加演出的演员，一般为6的倍数。

从表演形式上看，拉花可分为跷子拉花和地拉花两种。所谓跷子拉花，即扮演女角者，脚踩跷子进行表演，代表流派是固地拉花。

后来，跷子拉花还演化为一种犹如西方芭蕾舞中的立脚尖，

霸王鞭 俗称"连厢""花棍""金钱棍"等。民间艺人卖唱时的乐器兼舞具。以竹竿，两头开缝，穿以铜钱，演出时持杆，以两端随舞碰击身、膝或肘发声，伴歌舞。民间舞蹈，表演时一面舞动霸王鞭，一面歌唱。也叫花棍舞、打连厢。

■ 井陉拉花图

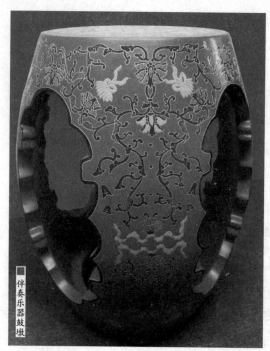

■伴奏乐器鼓墩

以木削的"戳跷"捆绑于脚，而且戳跷穿以鞋袜遮盖，犹如古代妇女的"三寸金莲"。表演时，演员只有始终保持"立脚尖"姿态才能表演。

这种拉花中的女角虽为男扮女装，但因受"戳跷"的影响，使身体前倾、腆胸、塌腰、翘臀，移步娇媚，非常逼真地再现了古代妇女的神韵。

跷子拉花掌握难度大，经多时训练方能表演，俗有"冬练三冬、春练三春"之说，特别是脚绑戳跷的就更难。在井陉流传着一句"固地的拉花——一片功"的歇后语，就是对戳跷难度的形容。

清末时期，此类拉花进入鼎盛时期，被官方誉为井陉的四大迎神赛会形式之一。随着妇女放足以及群众审美观的改变，这种拉花逐渐衰落。有的如南平望拉花从跷上解放下来，演变为一种不同于地拉花的地跷拉花。

顾名思义，地拉花就是地上舞的拉花。由于这种拉花比起跷子拉花没有杂技性，流传得也就较为广泛，特别是后来拉花人数的大幅度增加、演出场地的扩大，许多舞蹈动作和阵形变化需要跑动才能完成，地拉花也就被广泛继承。

井陉的南正、庄旺、南平望、长岗、庄子头、城关等拉花流派都属于地拉花。

拉花的传统化装、道具、服饰均与当地的民俗事项有着密切的关系，因此，所呈现的特点也就最具有地方性和民族性了。

梅开五福，竹报三多。旧时拉花男性角色的脸颊有画梅花，以寓五福的；也有画菊花这样的吉祥之花的；有的额心至鼻头之间画蝎、蛇、蜈蚣、壁虎、蟾蜍等五毒中的形象，以希望能够以禳虫毒。

女角中的丑婆脸上以右眼眉旁经鼻梁向左斜至颧骨画一白色的斜线或点，以达到煞邪之目的。

拉花的道具多是流传在汉族民间舞蹈中通用的道具，如彩绢、彩扇、伞、鞭、太平板等。在此基础上，各种拉花均根据自身的需要而增设。

如庄旺拉花货郎担，他表现的是货郎卖绒线的故事，就根据自己角色的需要而加入货郎鼓、货郎架。又如南平望拉花送美人，她表现的是护送美女入宫的故事，就加入化妆匣以供美女梳洗打扮。但大多数的拉花中有着一种在其他民间舞蹈中不多见的道具——花瓶。

笔竿胡用来戴在男角的嘴唇上，可谓独具匠心，它通过上唇的噘

■伴奏乐器鼓镲

起，带动笔竿滚动，从而夸张地表现出吹胡瞪眼的滑稽相。在跷子拉花的傻小子手中，手持红萝卜或莲花蕾之类的道具，这些道具的应用很明显为古代生殖崇拜的遗俗。

地拉花的服饰大同小异，多沿用清代服饰，男的头戴瓜壳帽，上身穿偏襟长衫，前后下摆用针线撩起，罩坎肩，下身穿灯笼裤，腿扎绑带，腕扎扣袖，脚蹬云鞋，腰系彩绸，腰间且披着两个绣工精美的钱袋。

女角中的丑婆，大包头，扎绸子结花垂于右耳旁，上身穿偏襟大衫，腰系罗裙，腰扎彩绸，右肩斜背一包袱。

其他女角，梳一根长辫垂于脑后，头上插花，身穿不过膝的偏襟长衫，罩镶边坎肩，下穿彩裤着彩鞋，腰扎彩绸，各角色均按所扮演老、中、青、少的年龄特征，在色彩上有所变化，即：青少要色彩鲜艳些，老中色彩需浅淡些。

井陉拉花的音乐为独立乐种，既有河北吹歌的韵味，又有寺庙音乐、宫廷音乐的色彩，刚而不野、柔而不靡、华而不浮、悲而不泣，与拉花舞蹈的深沉、含蓄、刚健、豪迈风格交相辉映，乐舞融合，浑然一体。

传统拉花音乐多为宫、徵调式，其次还有商、羽调式，节奏偏慢，大多为4／4拍，特色伴奏乐器有掌锣等。

拉花的乐器有大管、小管、膜笛、笙、龙头二胡、三弦、四股弦、敲琴、云锣、小镗子、小镲、扁鼓，乐队双管制达20人，后来多为单件乐器仅9人组成乐队。

管子是拉花音乐中的灵魂，起领奏作用，在乐曲中时奏时停。那种淳朴、粗犷、浑厚、略带悲怆的音色，如泣如诉地将人带入往时井陉人民深重灾难之中，恰与舞蹈融为一体。

小管的高亢，膜笛的滑音、颤音和花点与大管互相呼应，捧笙以三度、五度和弦将乐曲珠联璧合。云锣以其清脆悦耳的问答式的轮奏，复调旋律与大管配合。

小镗子、小镲按花点击拍，严密的分工，紧密的配合，令人毫无齐奏乏味之感。管、笙、笛、云锣是拉花音乐中必不可少的主奏乐器，构成拉花特

云锣 我国古代乐器，最早出现于唐代，元代开始大为流行。它是汉、藏、蒙古、满、纳西、白、彝等族使用的敲击体鸣乐器。古名云墩，又名云璈，民间又称"九音锣"。常用于民间音乐、地方戏曲和寺庙音乐的演奏。

■ 伴奏乐器云锣

■艺人吹笙画

有的艺术魅力以及浓郁的乡土气息。

拉花的乐曲由曲牌和民歌组成。它的曲牌约有10多首，如"万年欢""春夏秋冬""爬山虎""小儿番""粉红莲""雁南飞""摸""八板"等曲牌，"八板"这个曲牌被各村拉花普遍使用，艺人称"踩着八板扭拉花"。

井陉拉花虽属秧歌范畴，但又有显著的自身特点。以"抖肩""翻腕""扭臂""吸腿""撤脚"等动作为主要舞蹈语汇，形成刚柔并济、粗犷含蓄的独特艺术风格。它舞姿健美、舒展大方、屈伸大度、抑扬迅变，善于表现悲壮、眷恋、爱情、行进的情绪。

阅读链接

关于井陉拉花名称的由来，有这样一个传说：

该村有一名叫杨名举的人，明朝万历时在河南任西华县县令，任满路过牡丹胜地洛阳时，将数簇牡丹带回，在以本村老君庙内以"花王"敬神。从此每到花开季节，总吸引许多男男女女前往观看。

为纪念牡丹在井陉扎根这件喜事，一些民间艺人将其编为舞蹈。因当时交通不方便，在近千千米的路途中，牡丹花的迁移只能用人力拉运，故取名为"拉花"。

这样演员就出现了身背花、头插花、脸画花、肩挑花等无处不花的装束和与拉有密切关系的前倾、落步、撤脚等多种舞步姿态。

艺人仍持有"有了牡丹花，就有了拉花"的说法。

天下第一的藁城战鼓

藁城的历史悠久，早在公元前1400年，商代中期"朵氏"部落就在境内滹沱河、郦水、磁河等沿河地带劳作生息。旧时，寺庙极多，庙会频繁，庙会祭祀活动都要击鼓舞蹈。

藁城的民间花会历史久远，大多起源于当地的祭祀、庙会等民间活动。藁城民间花会有战鼓、架鼓、大鼓、扇鼓等多种表演形式，其中藁城战鼓是流传最为广泛和悠久的的民间艺术。

据说，藁城战鼓产生于1582年。

传说有一年，天连降暴雨，藁城城北的滹沱河水位暴涨。恰在这时，

■ 我国古代战鼓

■ 藁城彩鼓

天津皇会 最初叫"娘娘会"，是为庆祝海神天后娘娘生日农历三月二十三而举办的迎神赛会。自清代开始，每年这一天到来时，虔诚信仰天后娘娘的农商官绅都要举办迎神赛会，以求驱灾赐福。这实际是一次民间表演技艺的会演。

一头被贬到人间的神牛为发泄不满，乱顶乱撞，用犄角乱拱河堤，如河堤被毁则洪水泛滥，万亩良田和众多村庄会被洪水吞没，黎民百姓将流离失所。

王母娘娘知道后，就派大将尉迟敬德下界降伏神牛。尉迟敬德先用神鞭打断神牛的左角，牛改用右角拱河堤，敬德接着打断其右角。牛脾气大发，干脆用嘴拱，决口越来越大，敬德不得不用尽全身力气拦腰一鞭将神牛打死。

死牛落入滚滚的河水中，尸体正好堵住了大堤的决口，顿时凶猛不羁的洪水乖乖地沿堤向东流去。河两岸的良田、村庄、百姓得救了。大水过后，老百姓把牛皮剥下挂在大树上拍打以解愤恨。后来大树枯死，人们就把树干锯成木板，用木板联结围成中空的圆柱体，蒙上牛皮，继续敲打。

清朝末年，藁城战鼓队参加天津皇会演出时，轰动了京津，被誉为"天下第一鼓"。

藁城战鼓与其他鼓乐大不一样，藁城战鼓以大鼓，大铙、锣、水镲为伴奏乐，钹既是舞具又兼伴奏男性群体舞蹈艺术，各派系表演套路不等，每套都有原始名讳。

表演舞蹈打击乐风格各流派互不相同，反映着击鼓人的爱好、向往与追求。其舞姿风格独特，彪悍壮烈，气势磅礴，激人奋进，具有浓重的燕赵古风。

战鼓演出形式分"走队"和"扎场"。走队通常是会头举旗在前，鼓钹居中，大鼓车压后，在车上站立3人，击鼓者在鼓后，大钹分立左右，边行边击。会头发出指令便停止行进，做扎场表演。

扎场有多种形式。一种是舞铙者站立成一圈，大鼓、大钹在圈外，舞者相对而舞，大鼓、大钹敲击助威。另一种是舞者站成两队或4队，大鼓、大钹站在一端，此时的舞动整齐、统一。再一种是大鼓、大锣在中央，舞钹者分四面或八方，在大鼓声中，以各种姿态敲击、舞蹈。

还有一种水平很高的表演，舞者站立在4个方位上，相距20米。舞者舞动起来不时将钹向

■ 马背上的战鼓雕塑

■ 板鼓

对方抛去，他们相互抛接，叫作"撇钹"。

此时，大钹在空中似金盘飞舞，相当壮观。因舞者大都有武功，舞动起来矫健中有稳重，显现出刚柔相济的神韵，所以藁城战鼓又有"武林战鼓"之誉。

战鼓表演者一律扮成武士。以舞具和乐器分别命名为：铙手、鼓手和钹手，身穿改良夸衣彩裤，足蹬虎头战靴，头裹红巾。唯钹手头上插一面脾。

战鼓套路有"大添油""二添捆""大得胜""小得胜""十面埋伏""猴钻圈""霸王一条鞭"等。战鼓作为悠久和广泛的民间艺术，一直丰富着人们的精神文化生活。

阅读链接

在本村参加祭祀叫"打醮"，到外村赶会叫"闯醮"。战鼓也是必不可少的表演项目。而春节是战鼓最活跃时期。

一般农历腊月二十三之后，各村便开始整顿队伍、抽暇练习。除夕之夜，人们有"熬五更"的习俗，村村敲起大鼓，通夜不停。

这一夜，只要能够听到有鼓声，本村的人便不能停止击打，以防驱邪不尽，反招灾祸，直至听不到鼓声，各家鞭炮齐鸣，方可停止。

初一开始在本村表演。初五之后，村与村之间相邀互访表演，直至农历二月初二为止。

被誉为"国剧"的京剧

11世纪末至12世纪初，宋杂剧的产生，标志着我国古代戏剧作为一种较完备的综合艺术形式出现了。

北宋灭亡后，南宋与金朝南北对峙，宋杂剧开始南北分流。在南方，产生了被称为永嘉杂剧或温州杂剧的南戏；在北方，则产生了被称为金院本的北方杂剧。

河东和河北是北方杂剧产生和形成的地区。河东的平阳和河北的真定是北方杂剧最早的两大表演中心。金

京剧表演剧照

京畿神韵

■ 京剧中的旦角

朝迁都中都后，中都于是成为金院本的表演中心。

金院本同宋杂剧一样，在演出体制上仍是一场两段，分末泥、引戏、副净、副末、装孤等5种角色，也与宋杂剧相同。然而，在演唱上，金院本与宋杂剧却有很大不同。它的不少唱段是用当时流行于燕京和冀州一带的曲调来唱的。

元杂剧是在金院本的基础上，广泛吸收了诸宫调等说唱艺术以及北方各民族的民间歌舞表演艺术后形成的。其剧本体裁一般每本分为4折，每折用同一宫调的若干曲牌组成套曲，必要时则另加入楔子。

角色有正末、正旦、净等。演出体制与金院本大致相同，即以正旦和正末为主演，每折通常由正末或正旦一种角色一唱到底，正末主唱的称末本，正旦主唱的称旦本。

元朝末年，北方杂剧开始衰落。从元代后期至清代中叶，流行在燕赵地区的戏曲声腔主要有丝弦戏、板腔、北昆三种。

丝弦戏又称弦子腔、弦索腔、丝弦腔、姑娘腔、罗罗腔等，主要流行于河北中部地区。

北昆源于昆曲。昆曲产生于江苏昆山，明朝中叶

诸宫调 我国宋、金、元时期的一种大型说唱文学。有说有唱，以唱为主。歌唱部分是用多种宫调的若干不同曲调组成，故称为"诸宫调"，亦称"诸般宫调"。这一曲种形成于北宋神宗年间。它语言通俗生动，在艺术上超越了以往的各种说唱艺术，获得了人们的喜爱。它的出现对元杂剧的音乐有直接影响。

传入北京，并逐渐流行于燕赵地区。明末清初之际，它又取代了板腔，成为燕赵地区最受欢迎的剧种。流行于燕赵的昆曲在咬字吐音和风格上与流行于江南的昆曲略有差异，因此被称为"北昆"。

板腔源于南方剧种弋阳腔。明朝中期以后，弋阳腔流行于北京。随着时间的推移，弋阳腔在燕赵地域流行的同时，它也逐渐北方化了。因此，它又被称作"京腔""高阳高腔"等，在演出风格上与早先的弋阳腔有了明显差异。

乾隆中叶后，昆曲渐而衰落，京腔兴盛取代昆曲一统京城舞台。

1780年，秦腔艺人魏长生由川进京，演出秦腔轰动京城。1785年，清朝朝廷明令禁止秦腔在京城演出，将魏长生逐出京城。

1790年，为给乾隆帝弘历祝寿，从扬州征召了以

弋阳腔 戏曲声腔。简称"弋腔"，是宋元南戏流传至江西弋阳后，与当地方言、民间音乐结合，并吸收北曲演变而成。明清两代，弋阳腔在南北各地繁衍发展，成为活跃于民间的主要声腔之一。

■ 京剧剧照

■ 京剧剧照

戏曲艺人高朗亭为台柱的三庆班入京，以唱二黄声腔为主，是为徽班进京演出之始。之后，又有四喜、启秀、霓翠、和春、春台、三和、嵩祝、金钰、大景和等安徽戏班相继进京，也在大栅栏地区落脚演出。

其中以三庆、四喜、和春、春台4家名声最盛，故有"四大徽班"之称。

四大徽班除演唱徽调外，昆腔、吹腔、四平调、梆子腔亦用，可谓诸腔并奏。在表演艺术上广征博采，吸取诸家剧种之长，融于徽戏之中。兼之演出阵容齐整，上演的剧目丰富，颇受京城观众欢迎。

自魏长生被迫离京，秦腔不振，秦腔艺人为了生计，纷纷搭入徽班，形成了徽、秦两腔融合的局面。在徽、秦合流过程中，徽班广泛取纳秦腔的演唱、表演之精和大量的剧本移植，为徽戏艺术进一步发展，创造了有利条件。

道光年间，汉调进京，汉调演员搭入徽班后，将声腔曲调，表演技能，演出剧目溶于徽戏之中，使徽戏的唱腔板式日趋丰富完善，唱法、念白更具北京地

秦腔 我国最古老的戏剧之一，起于西周时期的西府地区。成熟于秦。秦腔又称"乱弹"，流行于我国西北等地，其中以宝鸡的西府秦腔口音最为古老，保留了较多古老发音。又因其以枣木梆子为击节乐器，所以又叫"梆子腔"，俗称"桄桄子"。

区语音特点，而易于京人接受。

徽、汉合流后，促成了湖北的西皮调与安徽的二黄调再次交流。徽、秦、汉的合流，为京剧的诞生奠定了基础。汉调在京师与徽班造成了西皮与二黄合流，形成所谓的"皮黄戏"。

此时的皮黄戏，受到北京语音的影响，有了"京音"的特色。这种带有北京特点的皮黄戏叫作"京戏"，也叫"京剧"。

其后，经程长庚、谭鑫培、王瑶卿、梅兰芳等艺术大师的不断革新改造，京剧艺术构成了一套格律化和规范化的程式，日臻完美，成为传统戏剧艺术的集大成者，风靡全国。

京剧以历史故事为主要演出内容，传统剧目约有1300多个，常演的在三四百个以上，其中《玉堂春》《长坂坡》《群英会》《空城计》《贵妃醉酒》《三岔口》《野猪林》《二进宫》《搜孤救孤》《霸王别姬》《四郎探母》等剧家喻户晓。

阅读链接

行当的划分由来已久，对京剧划分行当影响最大的，当数汉剧。

汉剧共分为10种行当：一末、二净、三生、四旦、五丑、六外、七小、八贴、九夫、十杂。

这10种行当所扮演角色的内容，大概是这样：末是主要的男性角色，就是京剧里边的生行；净与京剧里的净是一样的，指的是花脸；旦就是京剧里的旦，指的是女角色；贴，是贴旦的简称，京剧在早期划分行当，也包括贴旦在内，指的是比较次要的旦行角色，俗称二旦，例如现在京剧《红娘》里扮演莺莺小姐的，就是贴旦。夫，扮演车夫、轿夫、马童、衙役一类角色。

总的说来，汉剧的这10种行当，划分得比较细致，为京剧划分行当，打下了基础。

以唱功见长的评剧

评剧是我国北方地区的一种地方戏，流行于河北和东三省，是广大人民所喜闻乐见的剧种之一。

在19世纪末，河北唐山一带的贫苦农民于农闲时以唱莲花落谋

评剧《绣鞋记》剧照

生，1890年前后就逐渐出现了专业的莲花落艺人。莲花落即称"落子"，是一种长期流行在民间的说唱艺术。评剧就是在莲花落基础上发展起来的。

其后，东北二人转传进关内，加入莲花落班社一同演出。

莲花落艺人迅速地吸收了这种艺术，接受了它的"拉场戏"这一表演形式，将"对口"的唱、白拆开，将故事分成场次，并改原来第三人称的叙述为第一人称的表演。

■ 评剧《花为媒》中的剧照

在音乐方面也吸收了二人转的唱腔，如喇叭牌子、文咳咳、武咳咳等，使尾音缩短，行腔放慢。乐器方面增加了河北梆子的大弦、笛子、唢呐、锣鼓、梆子等，但锣鼓点未变，竹板仍然保存。

此阶段在评剧发展过程中称为"拆出"。拆出时期的剧目主要是来自唱本子和子弟书曲目，并将《小姑贤》《借女吊孝》《蓝桥会》《刘金定观星》等拆出演唱，从而推动了对口莲花落向戏曲方面的发展。

在1894年前后，莲花落老艺人成兆才、佛动心、东发亮等又带着"对口"和"拆出"剧目进入天津。但不久，天津当局以"有伤风化，永予力禁"的禁令，将这些班社全部逐出，艺人们被迫返回乡里。

1908年，成兆才、张化文、金菊花等人重整班

文咳咳 过去有人称这个曲牌也叫《上北楼》《小阴天》，曲调优美、流畅、婉转动听，善于抒情叙事。曲体结构基本为上、下两个乐句，使旋律形成"商、宫、羽、徵"的落音趋势。板式变化分为中板、慢板、快板，及中间的垛句等。

127

文化之光

京畿神韵

成兆才 艺名"东来顺"。我国近代杰出的剧作家，北方著名戏曲表演艺术家，评剧创始人。成兆才集编剧、导演、演员于一身。成兆才为民间艺术奋斗了一生，至少留下了102部剧本，他的剧作构思大胆、奔放、复杂多变，内容切中时弊，能够引起观众共鸣。

社，带着莲花落子《开店》，拆出戏《乌龙院》《鬼扯腿》，闯入"北平禁地"，并一度唱红，从此定名为"平腔梆子戏"。1908年，成兆才、张化文等人另组庆春班社，第二次进入唐山。

当时，唐山是冀东政治、经济、文化的中心，京剧、梆子在戏剧界很有地位。初到唐山的平腔梆子戏艺人，不得不先学几出河北梆子戏，如《杀庙》《武家坡》《桑园会》等，以站稳脚跟。

这种艺术上的交流，促进了平腔戏艺术的革新，并产生了专职编剧，如成兆才一生编写了近百个剧本，有《开店》《占花魁》等。乐队去掉竹板，改用鼓和梆子按拍，增加了板胡和笛子，并采用河北梆子锣鼓经。同时吸收皮影、乐亭大鼓、京剧等的唱腔、过门和身段，从而提高了艺术表现力。

此时的平腔戏演唱因用真声，高弦低唱，故而得

■ 评剧《花为媒》中的剧照

■ 评剧《花为媒》
中的剧照

名"平戏"，至此评剧作为一个剧种已基本形成。

1912年，唐山小山西坡的王永富、王凤亭父子筹建永盛茶园，这是评剧的第一个剧场。该剧场可容纳近千观众，因其在唐山地区，故这种剧种又称"唐山落子"。

后来，北京改称北平，京剧也随之称为平剧。以成兆才为首的"平剧"此时已经发展到了天津等地，和由京剧改称的平剧成对之势。于是就定名为"评剧"，寓"评古论今"之意。

早期评剧只有男、女角色之分，后发展为生、旦、丑的"三小戏"。以后又受梆子和京剧的影响，逐渐发展为青衣、花旦、彩旦、小生、小丑、老生、花脸等行当。其表演艺术虽吸收了梆子、京剧的身段、程式，一度出现京剧化的倾向，但仍保持着民间活泼、自由、生活气息浓郁的特点。

皮影 全称皮影戏，又称"影子戏"或"灯影戏"，是一种以兽皮或纸板做成的人物剪影，在灯光照射下用隔亮布进行演戏，是我国民间广为流传的傀儡戏之一。表演时，艺人们在白色幕布后面，一边操纵戏曲人物，一边用当地流行的曲调唱述故事，同时配以打击乐器和弦乐，有浓厚的乡土气息。

慢板 戏剧唱腔中的重要板式之一，和二八、流水、飞板并称四大正板。慢板为一板三眼，4/4节拍，上下句是最基本构成单位，每个上下句又大多由两个小分句构成。词格或为三三四的十字韵，或为二二三的七字韵，上下句均起于中眼，且上句切分搭口与下句平搭形成对称的句式乐段，不仅旋律优美，速度也灵活多变，适用于表达喜怒哀乐等多种情绪。

在唱、做、念、打各种艺术手段的运用上，评剧的唱功最为突出，早期的男旦演员月明珠和女演员李金顺等，都曾以唱功称绝一时。

奉天落子时期，又产生了著名评剧声腔革新家白玉霜。她大胆运用低腔，发展了评剧的中音唱法，形成"白派"。与白玉霜同时，刘翠霞创造了高亢脆亮的"刘派"唱法，爱莲君创造了"爱派"的疙瘩腔唱法。此外，还有在北京与白玉霜相对峙的喜彩莲创造了华丽而清新的"喜派"唱法。

评剧以唱工见长，吐字清楚，唱词浅显易懂，演唱明白如诉，表演生活气息浓厚，有亲切的民间味道。它的形式活泼、自由，最善于表现当代人民生活，因此城市和乡村都有大量观众。

评剧唱腔是板腔体，有慢板，二六板，垛板和散

■ 评剧《花为媒》中的剧照

板等多种板式。后来，评剧音乐、唱腔、表演的革新取得显著成就，特别是改变了男角唱腔过于贫乏的弊病，男声唱腔有了新的创造。

阅读链接

　　评剧的另一支派西路评剧，是20世纪初由西路莲花落演变而来，初名"北京蹦蹦"，后改称西路评剧。

　　1893年，以莲花落艺人小生来凤仪金叶子、花旦韩九令、彩旦人人乐、青衣柳叶红为主的班社，首先进入北京演出。后有河北香河的青衣王淀佐、须生侯德山，蓟州的花旦挑帘红等相继进入北京，为西路评剧的创始人。

　　西路评剧进京后，吸收了河北梆子、老调、哈哈腔等地方剧种的剧目、音乐和舞蹈，初具小戏形式，常与河北梆子同台演出，名为"两下锅"。西路评剧以河北民歌为基础，唱腔高，甩腔长，多用"依哟嗬，依呀哈"为装饰音和衬字，形成了一套自己的唱腔和唱法。

　　西路评剧兴起时，以"打地摊"或在茶园演出为主要形式。1912年左右，在艺术上有了提高，曾去上海演出。著名演员挑帘红即为当时赴沪演出的主角。

内八档会的天桥中幡

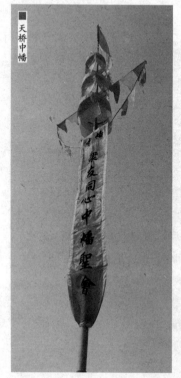

■ 天桥中幡

北京天桥是一个历史悠久、驰名中外、繁华热闹的平民市场。清康熙年间，天桥出现了市场的雏形，清末天桥市场快速发展，各种曲艺杂耍遍布其中。尤以中幡、摔跤等表演最受游客欢迎。

幡是旗帜中的一种，尺寸有大小之别。中幡是装饰华丽、既具有仪仗特色又用于比赛力量的一种旗帜。耍中幡、舞中幡是我国民族民间传统杂技项目，北京天桥中幡表演最为有名。

中幡起源于晋代时的皇家表演项目，是既具有仪仗特色又用于比赛力量的一种旗帜。耍中幡是在行军或打猎休息期间，旗手们为给皇上解闷，挥舞耍动大旗以博皇上欢心，鼓舞三军斗志。

幡旗形制壮丽，标题清晰，常常用于仪仗活动。旗手耍弄幡旗，能尽显武勇与智慧，因此中幡曾是清代朝佛、庆典等走会活动的必备项目。走会中各个团体都有自己的标旗，竞相演练耍幡高招绝技，逐渐形成颇具特色的杂技节目。

清代乾隆年间，将原龙旗杆上加上伞，耍起来更是好看。后来加伞的大旗杆被皇宫用作迎接外交使者的仪仗队，显得更加威武庄重，故又名"大执事"。皇宫里每年耍大执事，庆祝重要庆典。

■ 天桥中幡泥塑

乾隆年间中幡会属于镶黄旗佐领管辖，属内八档花会之一，受过皇封，盛极一时。

幡按大小分为硕幡、中幡和小幡三类。硕幡一般比较重也比较高，一般要在12米以上；中幡一般在9米左右，多数表演者选用的都是中幡，所以耍中幡这一叫法也就传开了；而小幡则只有三四米，一般是在小的场地表演，比如剧场、茶馆等。

早期的耍中幡有"幢幡""担幡"的叫法，在清朝中期北海公园到了冬天还有"担幡滑冰"的表演。中幡的主干是一根长10米多的竹竿，竿顶悬挂一面0.5米宽、5.5米长的长条锦旗，旗的正面绣有祝福语句和吉祥图案，反面有时绣上表演团体的名称，因此

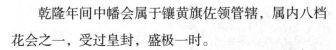

镶黄旗 清代八旗之一，因旗色为黄色镶红边而得名，镶黄旗是上三旗之一，旗内无王，由皇帝所亲统。镶黄旗有八大老姓，分别是：瓜尔佳氏、钮祜禄氏、舒穆禄氏、叶赫那拉氏、辉发那拉氏、乌拉那拉氏、郭罗络氏、伊尔根觉罗氏。

苏秦背剑 我国武术定式，常见于古代历史小说、评书、演义中的一种招式，指以器械置于背部格挡对手从背后的袭击。传说，在战国时期，名纵横家苏秦游说六国合纵抗秦时，背后斜跨长剑用于防身，因此而得名。

又称"标旗"。

中幡净重十五六千克，它下粗上细，由两根竹竿拼成，竹竿的大小、柔韧性也有讲究。一筒中幡要加工成成品大约要4年时间，其制作加工程序目前仍属祖传，拒不外泄。

从技艺角度来说，中幡包括手法和腿法，不仅练的是人的胆量、力量和技巧，还需要文武兼备，此外中国式摔跤、气功等技艺也是练习中幡的基础。

中幡分为单练、双人对练和集体练，动作有50多个。表演者或顶幡上额，或伸臂托塔，惊险动作连绵不断，但始终幡不离身，竿不落地。10余米高、几十千克重的中幡在表演者的手中、肩上、脑门、下巴、项背等处上下飞舞、交替腾挪。

■ 天桥中幡

中幡表演时，艺人们将竿子竖起托在手中，舞出许多花样，其表演动作样式各有形象的名称。将竿子抛起用脑门接住为霸王举鼎，单腿支撑地面用单手托住竹竿为金鸡独立，此外，还有龙抬头、老虎撅尾、封侯挂印、苏秦背剑、太公钓鱼、擎一柱等样式。

中幡表演要求稳、准、快，手眼配合一致。在表演时，表演者用手掌、手背、肩膀、额头、下颚等部位分别完成举、顶、牙剑、脑剑、单山等动作，不断晃动、抛起、落下。中幡表演，以扔得高、立得稳为准则。表演中，幡面彩绸迎风招展，幡顶铜铃"叮咚"作响，场面非常壮观。

在几代人的努力下，天桥中幡已经成为一个集惊险与壮观于一身的系统性表演项目，包含着头、肩、肘、手、跨、膝、脚等7套演练技巧近百种套路；而且凭其精湛的技艺、滑稽的表演，成为老北京民俗文化的代表项目。

■中幡局部特写

阅读链接

对中幡的发展起重要作用的要属"王小辫"。当时全国各地都有中幡表演，但是表演形式各不相同。

至清代末年，天桥老艺人王小辫从宫中耍执事的哥哥处学得此艺，并将大执事改名"中幡"，变成卖艺性质的表演传入民间。后来又收"宝三"宝善林为徒，将一身绝技传与宝三。

八旗子弟为谋生计纷纷到天桥市场卖艺，其中由沈三沈友三、宝三宝善林、张狗子张文山等率众表演的中幡、摔跤是撂地表演中最红火、最火爆、最受欢迎的项目。

燕赵大鼓享誉京畿

　　大鼓也叫大鼓书，由一人击鼓、板演唱，一至数人用三弦等乐器伴奏。

　　清初形成于燕赵和齐鲁地区，清末盛行于我国北方及长江、珠江

京韵大鼓剧照

■ 唱大鼓戏的雕塑

流域的部分地区，有木板大鼓、西河大鼓、梨花大鼓、京韵大鼓、乐亭大鼓、梅花大鼓、东北大鼓、湖北大鼓、太原大鼓、广西大鼓、长沙大鼓、淮南大鼓、苏北大鼓等30余种。

其中，流行于燕赵地域的大鼓有木板大鼓、西河大鼓、梨花大鼓、京韵大鼓、乐亭大鼓、梅花大鼓等。

木板大鼓是流行于河北大部分地区的一种曲艺鼓书形式，又名小口大鼓、清口大鼓、梅花调、老木板子、老北口木板、怯大鼓、鼓碰弦儿、弦子鼓儿、木板西河调、憋死牛等。

木板大鼓的演唱形式，一人左手持木板，右手持鼓楗，站立说唱中轮番敲击木板和书鼓，使其与说唱相配合，另有人持三弦专司伴奏。

三弦 又称"弦子"，我国传统弹拨乐器。柄很长，音箱方形，两面蒙皮，弦三根，侧抱于怀演奏。音色粗犷、豪放。可以独奏、合奏或伴奏，普遍用于民族器乐、戏曲音乐和说唱音乐。

木板大鼓书音乐结构完整，三种不同节奏的板式分别为头板、二板、三板，板速有较大幅度的伸缩。从风格上讲，其唱腔浑厚粗犷，有时似说似唱、似叙似述，地方气息浓郁，句尾声调较重，多为背宫腔。

西河大鼓产生于清朝道光年间。西河大鼓的前身，是清代中叶流行于河北中部的弦子书和木板大鼓。弦子书以小三弦伴奏，演员自弹自唱；木板大鼓没有弦索伴奏，演员自击简板和书鼓说唱。

后来，这两种曲艺艺人拼档演出，形成以鼓板小三弦伴奏的形式。高阳木板大鼓艺人马三峰在木板大鼓、弦子书唱腔的基础上，吸收戏曲、民歌的曲调。

舍木板改用铁犁铧片，舍小三弦采用大三弦，在唱腔唱法上也做了改进与创新，使这一曲种在艺术上日趋成熟。

> **清音子弟书** 是清代的一种曲艺形式。因其创始于八旗子弟并为八旗子弟所擅长，故名"子弟书"。子弟书有东调和西调两个流派。东调又称东韵。西调又称西韵。后来又分化出一种"石派书"，又叫"石韵书"，为石玉昆所创，以"巧腔"取胜。再后又有郭栋，创"南城调"。

■ 唱大鼓书塑像

西河大鼓原名"河间大鼓""梅花调"。在天津演出时被称为"西河调"，因为艺人全都出自大清河和子牙河流域，而天津人通称大清河和子牙河为"西河"或"下西河"。后来，著名艺人赵玉峰等人把它正式命名为西河大鼓。

西河大鼓的唱腔音乐，是以冀中语音的自然声韵为基础，吸取某些民歌小调的音乐语汇发展而成的。

在音乐结构形式上，约有30余种依附于主曲的乐曲和乐句的唱腔，

分别归纳在三眼一板的头板一眼一板
的二板和有板无眼的三板等三种板式
中，在速度上都可作大幅度的伸缩。

■ 牛皮鼓

有的还派生出多种变格唱法，唱
腔和谐流畅，生动活泼，似说似唱，
易唱易懂。属于头板的唱腔有起板紧
五句慢四句一马三涧快头板等。

二板唱腔有起板流水板双高海底
捞月反腔蚰蜒上山梆子穗十三咳等；
三板唱腔有散板紧流水窜板尾腔等。

西河大鼓的基本曲调大体上体现
在流水板中，二板起板是流水板的中
把唱和下把唱的伸展，头板起板是流水板的发展变化，其他大多数唱
腔都与这几个唱腔有一定关联。

西河大鼓传统曲目有中、长篇150余部，小段、书帽370余篇。
《杨家将》《呼家将》《闹天宫》《小姑贤》等曲目影响较广，流行于河
北、京、津、山东、河南以及东北、西北的部分地区。

京韵大鼓产生于清末，是由艺人胡十、宋五、霍明亮等人在木板
大鼓和清音子弟书的基础上加以改革后逐渐形成的。其后，经著名艺
人刘宝全、张小轩、白云鹏等进一步改造加工，形成了京韵大鼓的三
大流派。

京韵大鼓主要演唱短篇，只唱不说。主要唱腔有起板、平腔、垛
板、快板等，唱词基本为7字句。传统曲目有105段，《长坂坡》《战长
沙》《黛玉焚稿》《闹江州》等曲目影响较大。主要流行在京、津、河
北及东北、华东的部分地区。

乐亭大鼓也叫"乐亭调"，于清朝中叶产生于乐亭地区。它是在

■ 京东大鼓

竹板书及木板大鼓的基础上，吸收乐亭民歌、影戏调的曲调唱腔而逐步形成的。清末，乐亭大鼓艺人温铁板温荣又吸收梨花大鼓的演出形式，用左手击铁板，右手击鼓，使乐亭大鼓的演出形式趋于定型。

乐亭大鼓的唱腔十分丰富，要求字正、腔圆、韵足、味浓，气氛真实、色彩鲜明、气口得当、鼓板合宜。乐亭大鼓的唱腔，自成体系，独具一格。

固定的唱腔是九腔十八调，有的抒情，有的激昂，有的悲沉，有的诙谐，用这些唱腔来表现不同的场景、意境、情感和情绪。

九腔十八调的主要唱腔有四大口、八大句、四平、切口、双板、紧流水、慢流水、中流水、背牌子、凄凉调、撤单程、慢起程、昆曲尾子、蚂咋蹬脚等。

演员在演唱中，根据剧情变化灵活运用这些唱腔，而且大口一般都运用在鼓句上。总之，唱腔优美、丰富是乐亭大鼓的一大特点。

乐亭大鼓因流行地区不同而分为三派：流入天津的又叫"铁板大鼓"；流入北京的因改用扬琴伴奏而叫"单琴大鼓"，后改名"北京琴书"；流行在唐山地区的又叫"唐山大鼓"。

乐亭大鼓有中、长篇说唱和短篇唱段两种形式。《杨家将演义》《呼家将》《包公案》《大闹天宫》《拷红》是其优秀传统曲目。

梅花大鼓也叫"梅花调""清口大鼓"，清末起源于北京，流行于华北各地。由一人自击鼓板演唱，两三人用三弦、琵琶、四胡等乐器伴奏。唱词基本是7字句。长于在叙事中抒情。优秀传统曲目有《探晴雯》《劝黛玉》《摔镜架》《目莲救母》等。

梨花大鼓早期叫"犁铧大鼓"，因演唱者手持犁铧片伴奏而得名，后用月牙铜板伴奏。

梨花大鼓起源于清光绪年间，主要流传于河北南部。梨花大鼓风格朴实，运字行腔声情并茂，唱腔丰富多变，素有腔多字少七十二哼哼之称。

曲调高亢，说、唱、道、白兼备，叙事抒情交融，以说为主，唱为辅，有慢板、紧板、匀板，句式有10字韵、7字韵等。多诉说民间疾苦和农家故事。主要传统书目有《海公案》《响马传》《刘大哥劝老婆》等。

阅读链接

乐亭大鼓的剧目很多，可分为传统剧目和现代剧目，或长篇、中篇和短篇，还有一种微型剧目。乐亭大鼓叫"书帽儿"，多则10多分钟，少则几分钟。长篇大鼓能连续说唱一两个月，中篇能说唱十天八天，短篇的则说唱一个晚上。

现在保存下来和有据可查的中长篇书词有200多部，短篇和书帽儿就更多了。长篇的传统剧有《隋唐演义》《杨家将》等，中篇传统剧有《瓦岗寨》《呼延庆》等。长篇的现代剧目主要是《烈火金刚》《桐柏英雄》《平原枪声》等；中篇的现代剧目主要有《夺印》《火烧中家潭》等。

这些剧目大多是根据文学作品由作者进行再创作的，更多融入了乐亭的地方语言，成为具有地方特色的大鼓剧目。

竞技天下的吴桥杂技

■吴桥杂技表演泥塑

公元前2世纪，在河北所处的古冀州一带流行着一种民间游戏：人们戴着有角的面具互相比武斗力。这种活动既是表演又是竞技，当时民间称之为"角抵"，又叫"蚩尤戏"或"百戏"。

据传说，蚩尤氏头有角，与黄帝斗，以角抵人。黄帝击杀蚩尤之后，便由部落首领被拥戴为部落联盟领袖。为庆祝胜利举行了庆祝活动，模拟战

争场面，有的士兵装扮成蚩尤的形象，戴上假面具，头上有角，两两相互抵御，载歌载舞很是精彩，博得了人们的喜爱。

■ 吴桥杂技"耍飞叉"泥塑

于是，古冀州一带人们每逢喜庆的日子便模仿这种形式，戴上面具，亦歌亦舞。天长日久便形成一种游戏流传开来，当时民间称谓"角抵戏"。

这种活动，既是表演，又是竞技，是杂技的雏形。吴桥古属冀州，"蚩尤戏"，"角抵戏"同样在这儿盛行。

在汉代"百戏"中，从内蒙古和林格尔的东汉墓壁画的百戏场面看，这一时期的燕赵杂技艺术已基本形成。

魏晋南北朝时期，杂技艺术已趋于成熟。曹魏定都邺城，魏文帝曹丕、魏明帝曹叡都喜好百戏。曹叡每逢岁首，建巨兽，鱼龙曼延，弄马倒骑，备如汉西

曹丕 三国时期著名的政治家、文学家，曹魏的开国皇帝。他在位期间，平定边患，击退鲜卑，和匈奴、氐、羌等外夷修好，恢复汉朝在西域的设置。除军政以外，曹丕自幼好文学，于诗、赋皆有成就，尤擅长于五言诗，与其父曹操和弟曹植，并称"三曹"。

■ 吴桥杂技"赛活
驴"泥塑

京之制。后赵石虎在邺城也是殿前作乐，高结亘、鱼龙、凤凰、安息五案之属，莫不毕备。

403年，道武帝拓跋珪在平城下诏："造五兵、角觝、麒麟、凤凰、仙人、长蛇、白象、白虎及诸畏兽、鱼龙、辟邪、鹿马仙车、长趫、缘橦、跳丸，以备百戏。"

北齐时，有鱼龙澜慢、俳优侏儒、山车巨象、拔井种瓜、杀马剥驴等杂技节目。这些节目已包含了马戏、魔术、手技、爬竿、走索等类型，内容十分丰富。

唐代幽州地区的"戴竿"技艺十分精湛。751年，奚、契丹入侵，范阳守将向润容因兵少，见教坊中的戴竿、走索艺人矫健可用，便将他们组织起来出城作战。可见当时从事杂技的艺人数量之多。

明永乐二年至明朝万历年间，是吴桥杂技活动的一个繁盛时期。主要标志是在这一时期，在宁津、吴桥两县交界处，杂技艺人集中、交通方便的黄镇，形成了一个杂技行业的庙会———黄镇九月庙会。

会期自旧历九月初五起，历时一个月。这是一个杂技艺术和杂技相关动物道具等用品及杂技人员交流的庙会，规模之大，时间之长，范围之广都是前所未有。黄镇杂技庙会一直延续、兴旺了约500年。

明朝中叶，吴桥杂技逐渐形成两个流派：一派以北牟乡为中心，称为"东派"，后来该派逐步蔓延到宁津、南皮等县；一派以仓上乡、范屯乡为基地，称为"西派"。后来西派实力强大，流传到吴桥全县。

在西派当中，又分成许多门类，而以"刘家门""齐家门""陶家门"最为著名。

"刘家门"在明朝中叶形成，擅长武功和马术，该门传统节目，除以武功为主外，还有扞子、三股子、顶功和刀门子。至清朝咸丰年间，该派掌门人刘永贵创设了马术，最突出的节目是"关公劈刀"。他把戏剧艺术吸收到杂技表演中来，使杂技艺术更加丰富多彩。

"齐家门"在明朝末年形成，该门的独特艺术是"兴活""闷子"和"刺清子"。后来又创建了"气功"功夫有独到之处。

"陶家门"创建于清初，该门主要技艺为古彩戏法和"捞活"，即幻术和魔术的前身。最初各门界限分明，各树一帜。到了清末，各门互相学习，取长补短，也就逐渐融为一体。

清朝末年，吴桥杂技艺人开始大批地走出国门。由于在更大更广阔的范围活动，给了吴桥杂技一个极大的发展机会，吴桥产生了一大批的名人名班，代表了当时我国杂技的水平，并对世界杂技产生了积极的影响。

吴桥杂技节目包罗万象，在民间，分签子活、粒子活、挂子活三种。

签子活包括：形体表演类节目，集传统的体育、休操、武术、舞蹈、杂技之大成，如

■吴桥杂技"云里飞"泥塑

《爬竿》《钻桶》《滚杯》《飞杆》等。

平衡技巧类节目，如《高台定车》《车技》《走钢丝》《高车踢碗》等，一些节目兼而有形体表演和平衡技巧，如《椅子顶》《排椅》；耍弄表演类节目，吴桥最古老的节目种类，如《抖空竹》《转碟》《舞流星》《十样杂耍》等。

吴桥杂技杂耍泥塑

燕赵悲歌
燕赵文化特色与形态

高空表演类节目，如《走玄绳》《空中悠绳》《蹦床飞人》《高空钢丝》等。

口技仿声类节目，演员用口发出的声响，形象模拟动物、禽鸟的鸣叫以及生产、生活中发出的各种声音……

粒子活，旧时称"幻术"，按法门形式上分：手彩门，即手彩，如《仙人摘豆》等；彩法门，即门子活，根据道具的不同，又区分为，彩壶式、彩瓶式、彩扇式、彩匣式、彩巾式、彩碗式、彩杯式、彩箱式等。

丝法门，如《美人扇戏》等，民间有《扇老鸹》等；药法门，借用药物的化学变化机理而用于魔术节目制作表演。搬运门，我国古典戏法之一，也称《古彩戏法》，所变东西大都藏于身上。

　　"挂子活"是指在把式场上表演武术功夫，以自身功夫撂地挣钱。

　　在2000多年的变迁过程中，吴桥杂技文化不断丰富发展着，形成了独特的表演、道具、管理以及传承等方面的规则，构成了完整的行业文化体系，受到杂技界的推崇，素有"十方杂技九籍吴桥""没有吴桥人不成杂技班"之说。

■吴桥杂技走高跷泥塑

阅读链接

　　在黄帝时代，黄帝带兵在古冀州一带与蚩尤相斗，黄帝派了一个传令兵去传令。

　　传令兵遇风雪迷失了方向，没有完成使命。传令兵误了使命，回去要砍头的，不敢回去复命，便远走高飞另寻生路。传令兵在逃生路上乞讨很艰难，便以自身的技艺为资进行表演，以此吸引人们来观看再行乞讨。

　　黄帝因派去的传令兵没有完成任务，战斗打了败仗，便大发雷霆之怒，派人去抓传令兵。派出去的人抓不着传令兵，也不敢回来，慢慢地也走了这个道。

　　人们从打拳、翻跟斗开始，越玩越精，最后成了一种专门的活路。因卖艺之时，都是饿着肚子的。所以后来艺人们进行练功和卖艺时师傅都要求空腹，据说就是从这来的。

驰名中外的安国药市

燕赵自古便为四战之地，残酷的战争造成巨大伤亡，而且战后往往瘟疫流行，这就迫使医药学飞速发展。

燕赵医药学发展较早。河北藁城台西商代遗址中发现植物种子30余粒，经鉴定均为药用的桃仁和郁李仁。

■扁鹊画像

战国时期，渤海人扁鹊的医药学成就在我国医学史上占有重要地位。扁鹊在行医实践中，根据各地人们的实际需要，创立了小儿科、五官科、妇科。

扁鹊行医到邯郸，邯郸风俗重视妇女，而且有许多名妓娼优，扁鹊便专门研究妇科疾病，使自己成为一名"带下医"，创立妇科。

■ 扁鹊行医雕像

到洛阳时，扁鹊针对周人爱老人，而老人多五官科疾病，便为"耳目痹医"，创立五官科。

行医至秦，扁鹊看到秦人偏爱小孩儿，便为"小儿医"，创立小儿科。医学分科专门化为医学体系的创立奠定了基础。

在诊断方法上，扁鹊创立了切脉、望色、闻声、问病四诊法，成为中医诊断的基本方法。

在治疗上，扁鹊研究并熟练地掌握了当时已经得到普及与发展的砭石、针灸、按摩、汤液、熨贴、手术、吹耳、导引等方法。在具体治疗时，往往采用多种方法兼用的综合治疗法。

扁鹊在虢国行医时，遇虢太子得假死之症，他先后使用了针灸、熨贴、汤液等多种疗法，使准备下葬的太子起死回生。

据史书记载，扁鹊著有《扁鹊内经》《扁鹊外经》等多部著作，对我国医学理论的形成与发展作出

汤液 又称汤剂，周代已通行用汤液治病。直至近代，汤剂始终是临床用药的最主要剂型。在现代，中药也仍以汤剂的应用最为广泛。药物加水煎煮或浸泡去渣取汁而成的液体制剂。又称煎剂，古称汤液。

■ 药王庙内的壁画

了贡献，代表当时全国医学的最高水平。

北宋时期，安国药材名闻天下。安国，地处华北平原腹地，京、津、石三角中心地带，历史悠久，人杰地灵。

安国药市是由药王庙香火会、药王庙会演变而来的。凡参加药市的人，总要去瞻仰、拜谒药王庙。安国药王庙坐落于安国南关，是我国最大的纪念历代医圣的古建筑群。

安国药王庙始建于东汉，祭拜东汉光武帝刘秀二十八大将之一的邳彤。邳彤辅佐刘秀打天下，忠心耿耿，能文善武，精通医理，官至太常少府，是当时济世爱民的清官，被称为"药王"，死后葬于安国南关。当地群众为纪念他建了药王庙。

北宋时药王庙拓址新建，并集会瞻仰纪念。1270年，又加封为"明灵昭惠显王"。随着帝王对邳彤的不断封赐，"药王"影响越来越大。

药王庙分三进院落，占地面积3200平方米。由马殿、药王墓亭、正殿、后殿、名医殿、碑房、钟鼓楼等单体建筑13座。

山门正中悬有清朝乾隆年间内阁大学士刘墉书写的"药王庙"巨匾。中院墓墓亭内竖高3.8米，上刻"敕封明灵昭惠显佑王之墓"透雕木碑。两侧的名医

丞相 也称宰相，是我国古代最高行政长官的通称。"宰"有控制、掌握之意。商朝时为管理家务和奴隶之官；周朝有执掌国政的太宰，也有掌贵族家务的家宰、掌管一邑的邑宰，亦管烹杀祭祀，实已为官的通称。相，本为相礼之人，字义有辅佐之意。因古时祭祀为头等大事，贵族当相后，变成王的首席副手。

殿内塑有中国历史上的十大名医像。

庙中碑碣林立，壁画生辉。各殿内挂满历代名人和各地药商帮会书写的匾额。庙前的木质牌楼高8.4米，为三栋四楹庑殿顶，工艺精湛，为国内木制牌楼之珍品。

药王庙拥有全国三个之最：一是全国最大的药王庙建筑群；二是药王墓建于庙院在全国独一无二；三是庙外广场上立有两根铁铸旗杆，高达24米，每根重约要15吨，盘龙翔凤，悬斗挂铃，造型奇巧独特，实属罕见。

自从药王庙设祀以来，善男信女，常来进香，香火甚盛。一般民众有病也来求助药王，业药者乘机售药，就有了药王庙会。于是，这里逐渐就形成了我国著名的中药材集散地，有了"举步可得天下药"之称。

随着药王庙会声望日隆，全国各路药商，纷纷云集安国，有购有销，互通有无，并输往香港及朝鲜、东南亚地区。

至清代中期，这里逐渐形成了全国各地药商组成的"十三帮"及"五大会"；同时建立了招待商客、管理市场的"安客堂"。自此，安国成为我国北方最大的药材交流中心和药材集散地。明清时期，药王庙会由"十三帮"轮流操办，每年初一、十五都要临庙祭祀。

药王庙会有"春五秋七"之说，即春庙5个月，

■药王庙内的药王像

秋庙7个月，经年不断。春庙的正期是农历四月二十八，传说这一天为药王生日，所以成为春庙最盛的一天。冬庙则以农历十月十五为正期，传说这天为药王祭日，盛况与春庙正日相同。

药王庙会有其独特的参拜礼仪，包括演戏、抬大供、献鼎、树伞、塑金身、挂匾、献袍、捐地、劳役等多种形式。礼仪则分三拜九叩和四叩礼等数种，另供面食、三牲祭品。其间还有丰富多彩的游艺活动。

每届庙会，整个县城药气熏天，热闹非常。"药州""药都""天下第一药市""祁州药材名天下"的美誉也就名扬中外，有了"药不经安国不成药，不过祁州没有药味"之说。安国药市历史悠久，驰名中外，已经形成了我国独特的药市文化，成为我国传统文化的重要组成部分。

阅读链接

药王庙内碑文所记"十三帮"是：关东帮、京通卫帮、山东帮、山西帮、西北口帮、古北口帮、陕西帮、怀帮、彰武帮、亳州帮、川帮、宁波帮、江西帮。各帮都有自己的帮首，还有一定的规约与习惯。

"五大会"是安国本地药商及药市服务行业组成的行会组织，即：南大会，也称"小药市"；北大会，也称"大药市"；皮货估衣会、杂货会和银钱号会。"安客堂"是安国当地富有声望的士绅和药商组织成立的招待客商、解决市场有关问题的群众性管理组织。

它有很高的权威，主要任务是解决客商纠纷、代管经纪人员，只有遇到实在不能解决的问题才送交官方，官方一般也要按照它的意志去办理。堂内设有"公平秤"，专门解决为称量而发生的争执。